KB264474

누구나
쉽고 재미있게

사고력 수학

노크

D2
(11~12세)

측정

이 책을 보시는 부모님들께

머리가 좋아야 수학을 잘 한다는 말이 있습니다. 또, 수학을 잘 못하는 아이는 아빠, 엄마의 머리를 물려받아서 그렇다는 등의 난데없는 유전자 논쟁이 벌어지기도 합니다. 하지만 많은 사람들의 일반적인 생각과는 달리 이는 근거없는 이야기입니다. 외국의 한 연구 기관에서 언어, 사회, 수학, 과학의 네 가지 분야 중 어떤 것이 아동의 선천적 재능에 영향을 받는지 조사한 연구 결과를 발표했는데 일반적인 예상과는 다르게 선천적 재능에 영향을 받는 순서는 사회, 언어, 과학, 수학 순이었습니다. 다시 말해, 수학은 여러 학문 분야 중 선천적인 재능보다는 후천적인 환경이나 교육자, 학습자의 노력에 가장 큰 영향을 받는 학문이라 볼 수 있습니다. 수학의 가장 기본이 되는 '수 영역'의 예를 들어 보겠습니다. 아이들이 수를 처음 접하는 시기의 차이는 있지만 실제 수에 대한 감각과 수를 다루는 연습은 생활 속에서의 체험이나 다양한 활동, 학습 속에서 이루어집니다. 즉, 수학의 가장 기본이 되는 수는 선천적으로 가진 재능과는 거의 연관이 없으며 자라나면서 어떤 환경에 놓이는지, 얼마나 많이 수를 생각할 수 있는 기회가 있는지, 나이에 맞는 올바른 학습을 만날 수 있는지에 좌우됩니다. 그러므로 아이의 수학적 발달에 문제가 있다면, 그 아이가 누구를 닮아서 그런지, 지능이 떨어지는지를 따질 것이 아니라 수학적 힘을 기를 수 있는 학습 환경을 어떻게 만들어줄 것인가를 고민해야 합니다.

국제영재교육연구소의 랜즐리 소장은 영재의 기준을 마련하기 위해 여러 연구를 시행한 결과, 영재의 공통적인 특징들을 발견하였습니다. 첫째는 115 이상의 지능지수(IQ), 둘째는 창의력(Creativity), 셋째는 동기적 요소라고 부르는 끈질긴 근성과 과제집착력이었습니다. 이들 세 가지 요소 역시 선천적으로 타고 나는 부분도 물론 있겠지만 대부분 후천적인 학습이나 교육 활동을 통해 기를 수 있는 능력이라는 데에 이의를 제기하기는 힘듭니다.

이처럼 수학적 능력은 후천적 학습 환경에 주로 좌우되며, 특히 어린 시절에는 그러한 경향이 더더욱 두드러집니다. 하지만 우리의 아이들을 둘러싼 수학적 환경을 다시 한 번 돌아봅시다. 초등학교를 들어가기 전부터 과도한 학습량과 무의미한 반복 활동, 이후의 수학 학습에 오히려 방해가 될 정도로 무리한 선행 학습 등의 환경은 아이의 수학적 힘을 길러주기보다는 수학에서 가장 중요한 창의적 사고력을 기를 수 있는 기회를 박탈함과 동시에 수학에 대한 흥미를 급속하게 떨어뜨리게 하여 수학으로 문제를 해결하려는 의지, 즉 수학적 동기를 스스로에게 부여하는 것을 불가능하게 만들어 버립니다. 중요한 것은 남들보다 먼저, 그리고 더 많이 수학적 지식을 머리 속에 주입하는 것이 아니라 태어나서부터 누구나 가지고 있는 수학에 대한 관심, 그리고 수학으로 생각하는 힘을 일깨워주는 것입니다.

수학을 잘할 수 있는 힘,

수학적 잠재력은 이미 여러분 아이들의 머릿 속에 줄곧 있어왔습니다. 단지 어떤 아이는 그것을 찾아내어 드러낼 수 있었고, 어떤 아이는 꼭꼭 숨긴 채 평생 드러나지 않을 뿐입니다. 이러한 수학적 잠재력에 대한 참신한 자극 – 생각을 두드리는 '노크'를 제안하려 합니다. '노크'는 수학적 지식과 스킬만을 무리하게 밀어넣지 않습니다. 왜 수학을 해야 하고, 어떻게 수학으로 가능한지 끊임없이 스스로 생각하게하는 계기로서의 활동이 되려 합니다. 일상으로부터 괴리된 학문으로서의 수학이 아닌, 삶을 살아가며 반드시 키워야 할 논리적, 합리적 사고력을 기를 수 있는 누구에게나 가장 중요한 경쟁력으로서의 수학을 주장합니다. '노크'야말로 새로운 수학 학습의 길을 보여주는 방향타가 될 것입니다.

한 현 조

똑!똑! 사고력 수학
노크의 구성

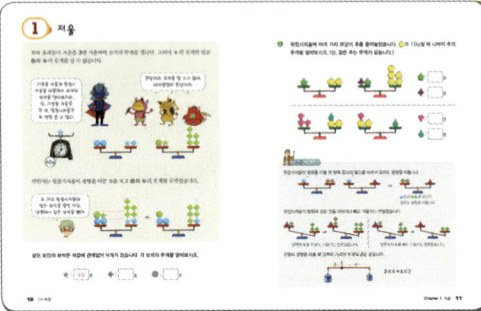

시작 : 생각열기

사고력 수학 주제에 맞는 수학적 상황, 수학사, 생활 속 수학 이야기 등의 자유로운 형식으로 흥미를 유발하고, 수학적 사고를 자극하는 주제별 프롤로그

노크 포인트

문제 해결의 핵심적 원리를 '콕!' 집어서 간결하게 요약한 사고력 수학 주제별 포인트

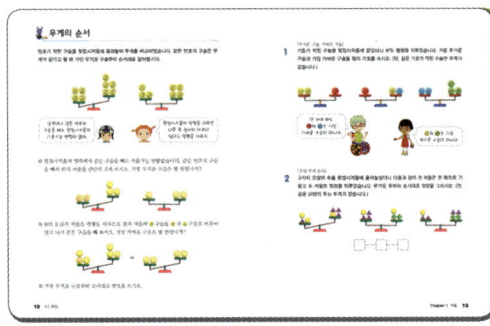

전개 : 유형 탐구

사고력 수학의 대표 유형을 노크만의 새로운 방법으로 차근차근 한 단계씩 익히고 해결하는 단계적 유형 탐구와 이를 통해 익힌 방법적 원리를 적용, 확장하는 확인 문항

잘 생각해 봐!

수학 요정들의 친절한 충고와 꼬마 요괴들의 밉살스럽지만 유용한 조언으로 어려운 발전 문항의 해결을 돕는 문제 해결 도우미 박스

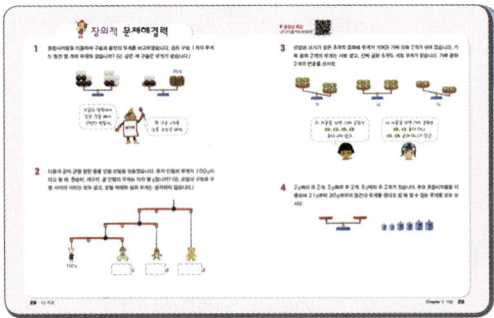

발전 : 창의적 문제해결력

3개의 사고력 수학 주제를 갈무리하는, 한 차원 높은 창의력과 복합적인 사고력을 요구하는 발전 문항의 끝판왕

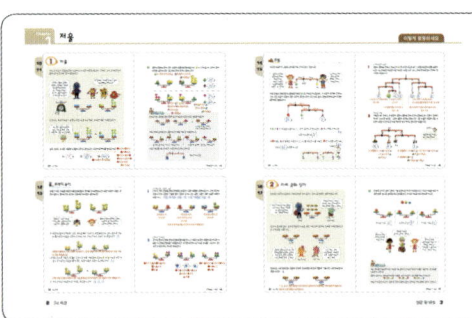

마무리 : 정답 및 해설

본문에 그대로 첨삭된 정답과 간략한 풀이 과정을 통한 사고력 수학 활동 피드백으로 마무리

노크
캐릭터 소개

지식을 되찾기 위해 노크랜드로 떠난 모험가 친구들

일단 저지르고 보는 거야!

난 궁금한 건 절대 못 참아.

침착하게 위기를 벗어나야 해.

생각으로 아주 멀리까지 날아가.

태경
활동파 리더

지오
호기심 공주

초이
조용한 전략가

아인
꼬마 천재

마법사 멀린과 수학 요정

 ### 마법사 멀린

노크랜드의 지식의 수호자. 지식을 파괴하려는 대마왕의 음모에 맞서 모험을 떠난 친구들의 든든한 조력자.

아르키메데스

페르마

플라톤

파스칼

피타고라스

가우스

유클리드

오일러

대마왕과 꼬마 요괴

대마왕

노크랜드의 지식의 파괴자. 세계를 차지하기 위해 모든 지식을 없애버리려고 하는 요괴들의 두목.

딴소리

한입

장난

잘난척

딴짓

멍하니

잠만자

대충이

산만해

울보

거꾸로

뛰어

이 책의 차례

Chapter

1

저울

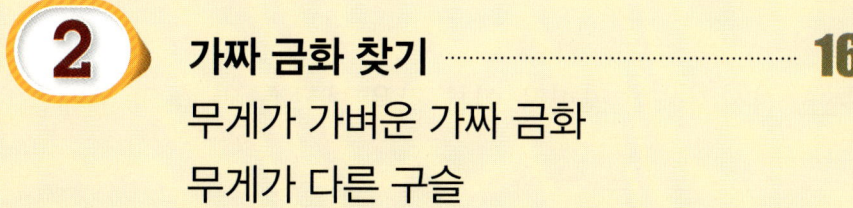

1 저울

꼬마 요괴들이 저울을 **3**번 사용하여 보석의 무게를 잽니다. 그러나 ★의 무게만 알고 ●와 ◆의 무게를 알 수 없습니다.

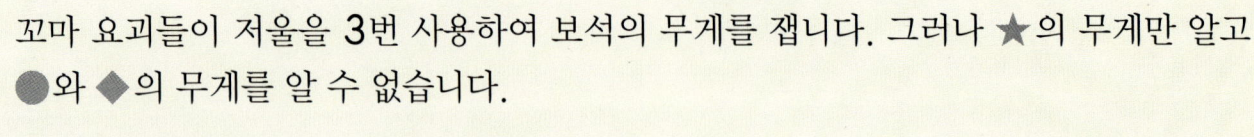

아인이는 윗접시저울이 평형을 이룬 것을 보고 ●와 ◆의 무게를 구하였습니다.

같은 모양의 보석은 색깔에 관계없이 무게가 같습니다. 각 보석의 무게를 알아보시오.

★ : **60** g   ◆ : ⬚ g   ● : ⬚ g

윗접시저울에 여러 가지 모양의 추를 올려놓았습니다. ⬡가 10g일 때 나머지 추의 무게를 알아보시오. (단, 같은 추는 무게가 같습니다.)

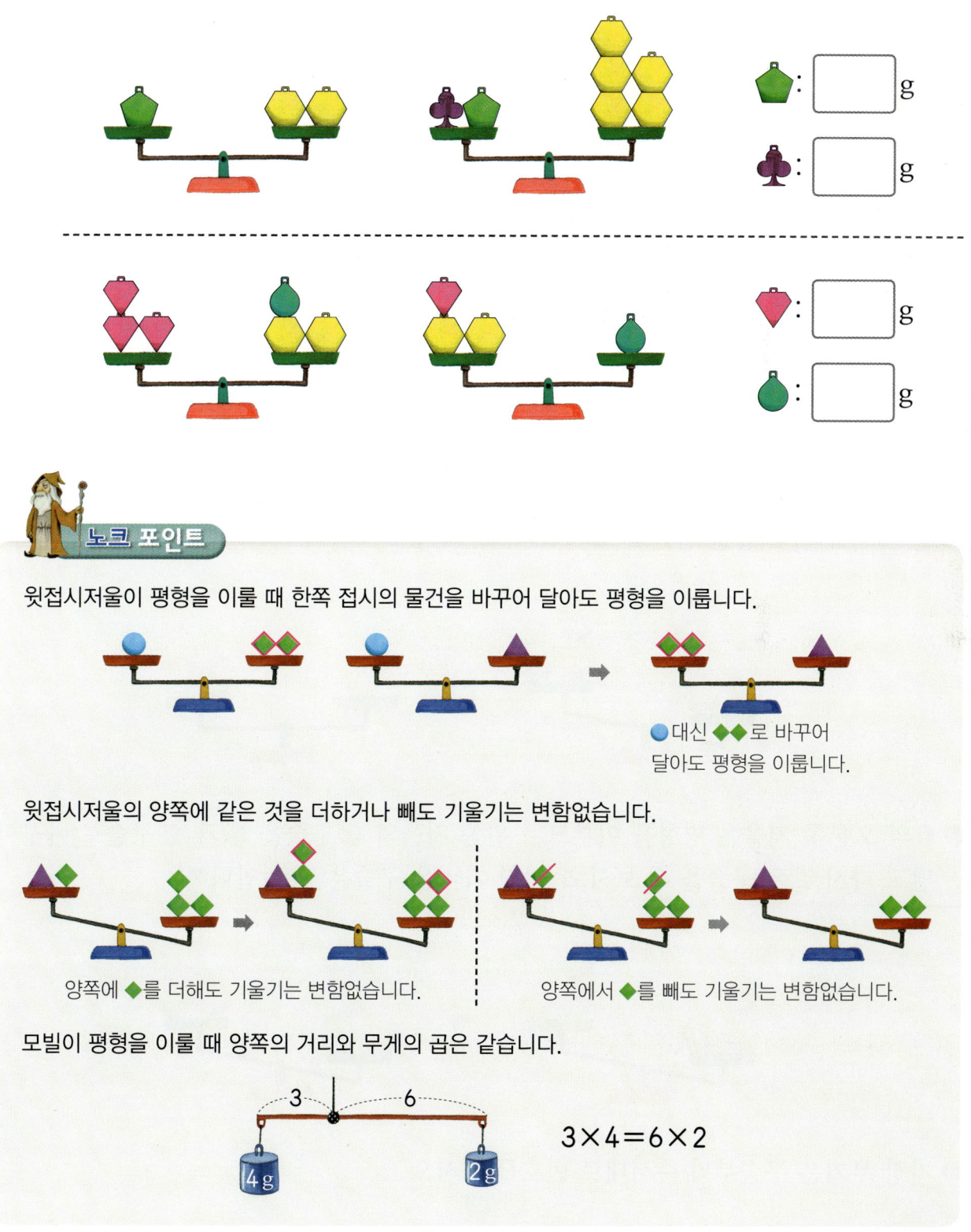

⬠ : ☐ g

♣ : ☐ g

◆ : ☐ g

⬭ : ☐ g

노크 포인트

윗접시저울이 평형을 이룰 때 한쪽 접시의 물건을 바꾸어 달아도 평형을 이룹니다.

● 대신 ◆◆로 바꾸어 달아도 평형을 이룹니다.

윗접시저울의 양쪽에 같은 것을 더하거나 빼도 기울기는 변함없습니다.

양쪽에 ◆를 더해도 기울기는 변함없습니다.

양쪽에서 ◆를 빼도 기울기는 변함없습니다.

모빌이 평형을 이룰 때 양쪽의 거리와 무게의 곱은 같습니다.

$3 \times 4 = 6 \times 2$

무게의 순서

번호가 적힌 구슬을 윗접시저울에 올려놓아 무게를 비교하였습니다. 같은 번호의 구슬은 무게가 같다고 할 때 가장 무거운 구슬부터 순서대로 알아봅시다.

양쪽에서 같은 번호의 구슬을 빼도 윗접시저울의 기울기는 변함이 없어.

윗접시저울이 평형을 이루면 다른 쪽 접시와 바꾸어 달아도 평형을 이루지.

❶ 윗접시저울의 양쪽에서 같은 구슬을 빼도 기울기는 변함없습니다. 같은 번호의 구슬을 빼서 위의 저울을 간단히 고쳐 보시오. 가장 무거운 구슬은 몇 번입니까?

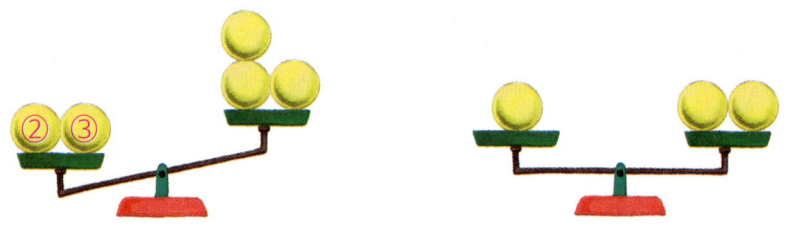

❷ ❶의 오른쪽 저울은 평형을 이루므로 왼쪽 저울의 ③ 구슬을 ① 과 ② 구슬로 바꾸어 달고 다시 같은 구슬을 빼 보시오. 가장 가벼운 구슬은 몇 번입니까?

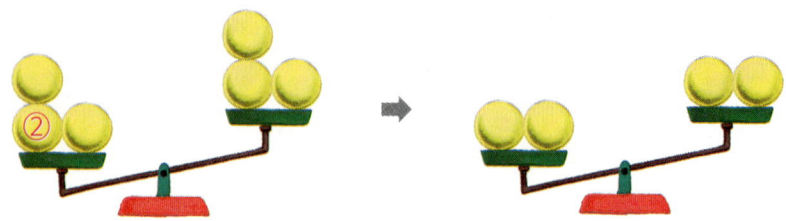

❸ 가장 무거운 구슬부터 순서대로 번호를 쓰시오.

[무거운 구슬, 가벼운 구슬]

1 기호가 적힌 구슬을 윗접시저울에 달았더니 모두 평형을 이루었습니다. 가장 무거운 구슬과 가장 가벼운 구슬을 찾아 기호를 쓰시오. (단, 같은 기호가 적힌 구슬은 무게가 같습니다.)

[추의 무게 순서]

2 3가지 모양의 추를 윗접시저울에 올려놓았더니 다음과 같이 한 저울은 한 쪽으로 기울고 두 저울은 평형을 이루었습니다. 무거운 추부터 순서대로 모양을 그리시오. (단, 같은 모양의 추는 무게가 같습니다.)

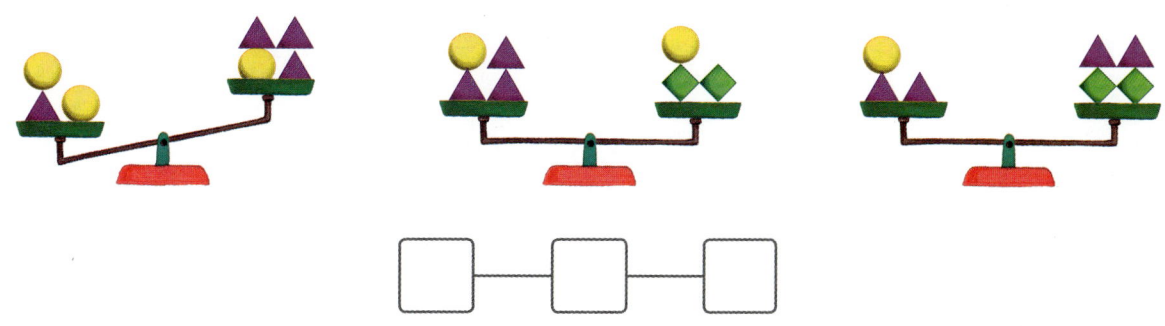

 모빌

지오와 태경이가 모빌의 원리에 대해 이야기하고 있습니다.

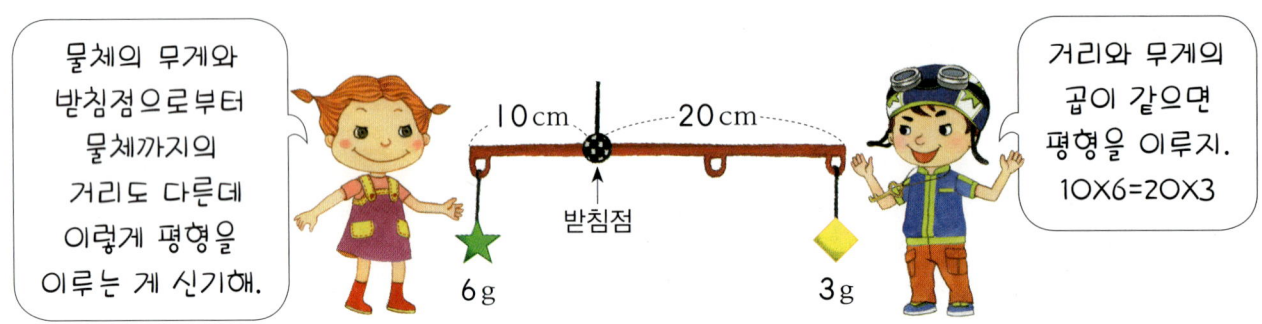

다음 모빌이 전체적으로 평형을 이루고 ★의 무게가 6g입니다. 각 모양의 무게를 구해 보시오. (단, 모빌의 구멍과 구멍 사이의 거리는 각각 10cm로 같고, 모빌 막대와 실의 무게는 생각하지 않습니다.)

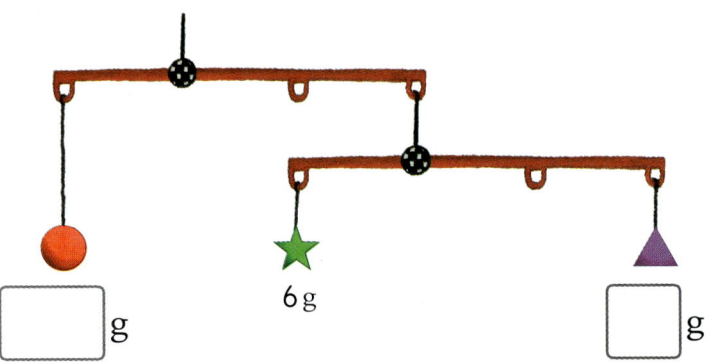

❶ ★과 ▲이 평형을 이룹니다. ☐ 안에 알맞은 수를 써넣고, ▲의 무게를 구하시오.

$$10 \times 6 = 20 \times \boxed{}$$

❷ ●이 ★, ▲과 평형을 이룹니다. ☐ 안에 알맞은 수를 써넣고, ●의 무게를 구하시오.

$$10 \times \boxed{} = 20 \times 12$$

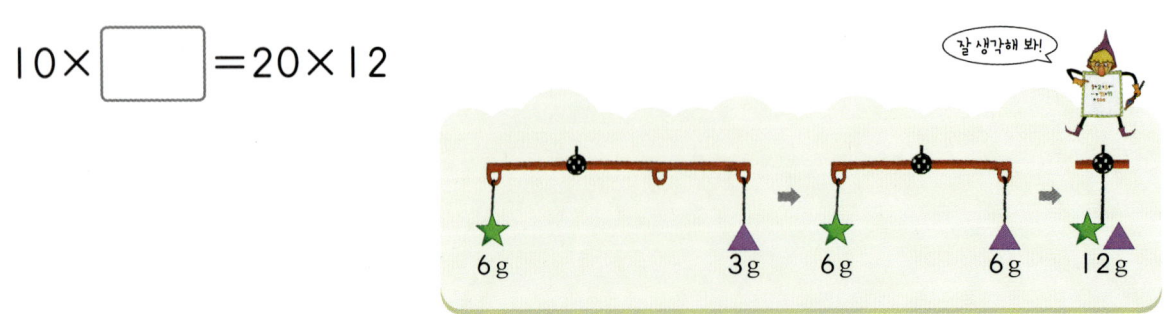

1 모빌이 평형을 이루고 있습니다. 🟢의 무게가 4 g일 때 ◯ 안에 알맞은 무게를 써넣으시오. (단, 모빌의 구멍과 구멍 사이의 거리는 모두 같고, 모빌 막대와 실의 무게는 생각하지 않습니다.)

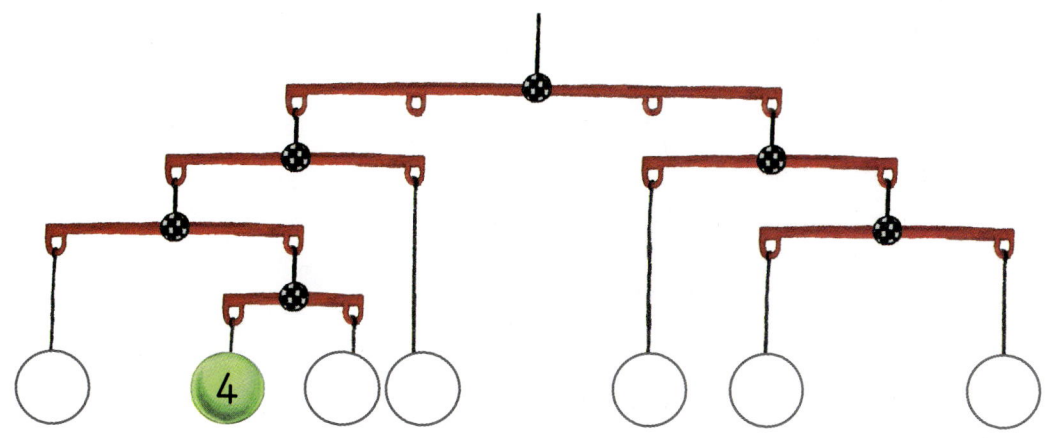

[장난감 모빌]

2 자동차, 배, 비행기, 오토바이 모형이 평형을 이루고 있는 모빌입니다. 비행기 모형의 무게가 4 g이라 할 때 ⬜ 안에 알맞은 무게를 써넣으시오. (단, 모빌의 구멍과 구멍 사이의 거리는 각각 같고, 모빌 막대와 실의 무게는 생각하지 않습니다.)

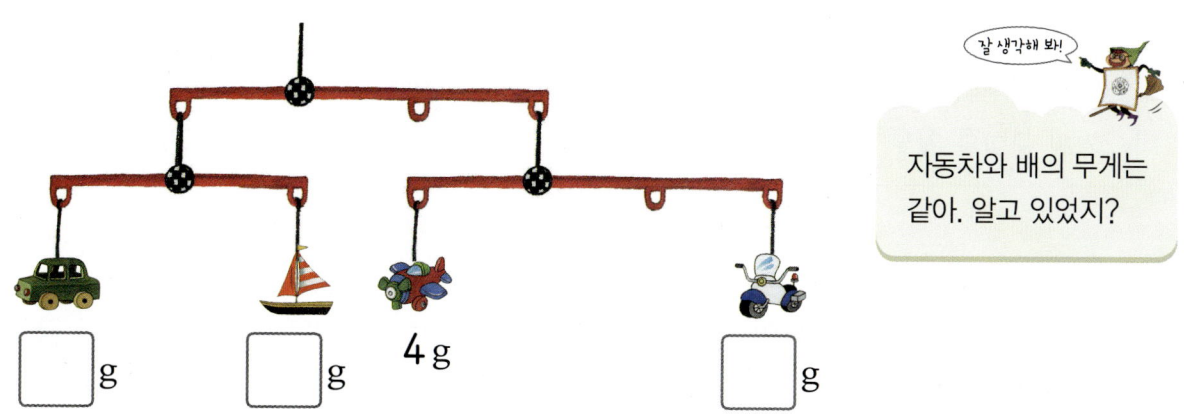

잘 생각해 봐!

자동차와 배의 무게는 같아. 알고 있었지?

가짜 금화 찾기

대마왕이 6개의 금화 중 가짜 금화를 찾아내라고 꼬마 요괴에게 명령하였습니다.

무게가 가벼운 가짜 금화가 하나 있다. 윗접시저울을 두 번만 이용하여 가짜 금화를 찾아라.

대마왕

모양과 크기가 같아서 눈으로 보고, 만져 보아도 가짜 금화를 찾을 수 없어.

멍하니 요괴

잘난척 요괴와 울보 요괴가 윗접시저울을 2번 사용하여 금화의 무게를 비교하였더니 모두 평형을 이룹니다.

첫 번째

두 번째

금화를 양쪽 접시에 한 개씩 올려놓았을 때 운이 좋으면 저울을 한 번만 사용해도 가짜 금화를 찾을 수 있어.

잘난척 요괴

울보 요괴

나는 운이 나빠 저울을 2번 사용해도 가짜 금화를 찾을 수 없어. 엉엉.

태경이는 다른 방법으로 금화의 무게를 비교하였는데 모두 평형을 이룹니다. 가짜 금화의 번호를 쓰시오.

첫 번째

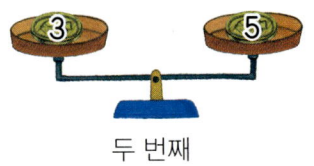

두 번째

모양과 크기가 같은 3개의 구슬 중 하나는 무게가 무겁습니다. 2개의 구슬을 골라 저울의 양쪽 접시에 달았을 때의 결과를 보고 무거운 구슬을 찾아 번호를 쓰시오.

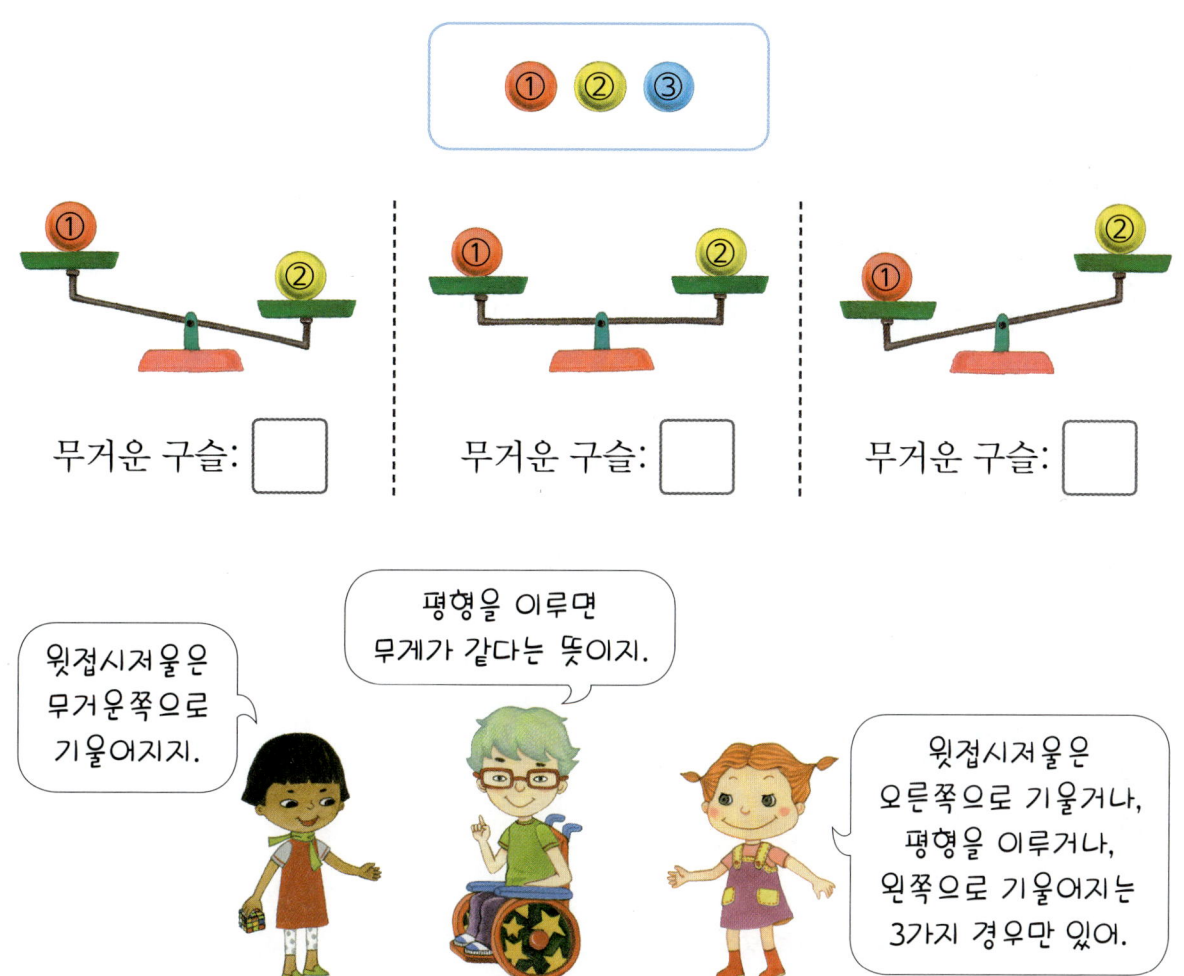

무거운 구슬: ☐　　무거운 구슬: ☐　　무거운 구슬: ☐

윗접시저울은 무거운쪽으로 기울어지지.

평형을 이루면 무게가 같다는 뜻이지.

윗접시저울은 오른쪽으로 기울거나, 평형을 이루거나, 왼쪽으로 기울어지는 3가지 경우만 있어.

 **노크 포인트**

여러 개의 금화 중에서 무게가 가벼운 가짜 금화가 있다고 할 때 윗접시저울을 이용하여 가짜 금화를 찾아낼 수 있습니다.

금화가 2개 또는 3개 있을 때 윗접시저울을 1번만 사용하면 가짜 금화를 찾을 수 있습니다.

금화가 4개부터 9개까지 있을 때 윗접시저울을 2번만 사용하면 가짜 금화를 찾을 수 있습니다.

무게가 가벼운 가짜 금화

모양과 크기가 같은 9개의 금화 중 하나가 가벼운 가짜 금화라고 할 때, 윗접시저울을 두 번만 사용하여 가짜 금화를 찾는 방법을 알아봅시다.

❶ 다음과 같이 6개의 금화를 양쪽 접시에 올렸을 때 나올 수 있는 경우는 3가지입니다. 각 경우마다 가짜 금화가 될 수 있는 금화의 번호를 쓰시오.

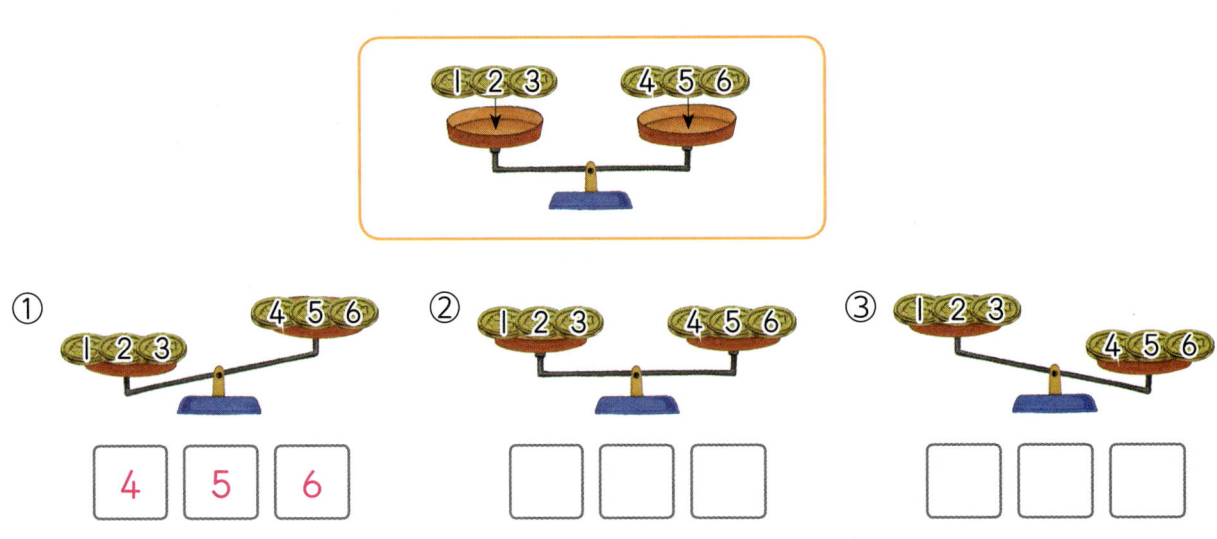

❷ 가짜 금화가 ④, ⑤, ⑥ 중의 하나라고 할 때, 다음과 같이 ④, ⑤를 윗접시저울에 올리면 나올 수 있는 경우는 3가지입니다. 각 경우마다 가짜 금화의 번호를 쓰시오.

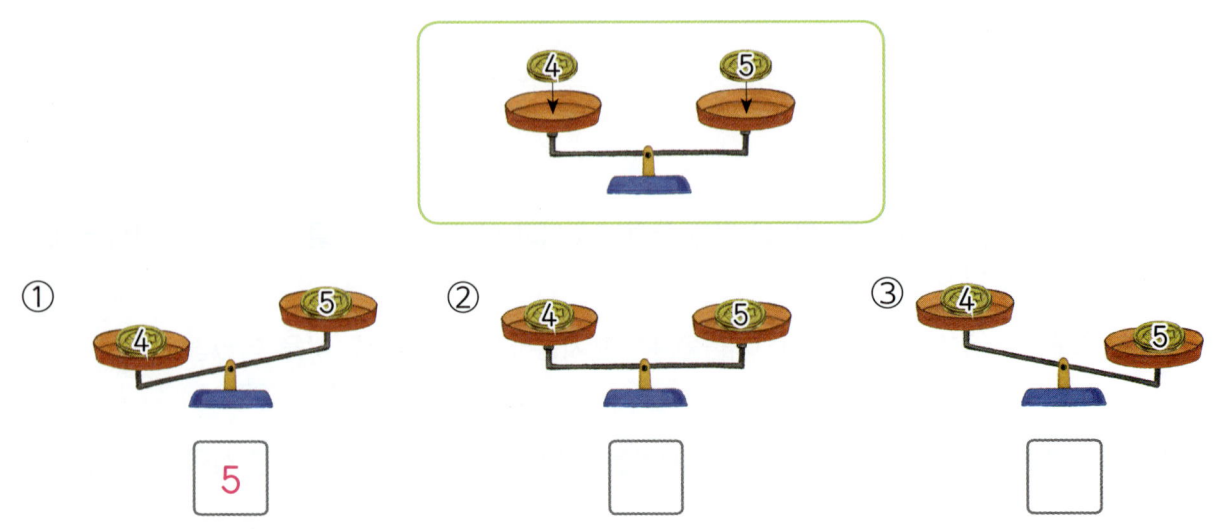

[무거운 금화 찾기]

1 모양과 크기가 같은 금화 9개 중 하나가 다른 금화보다 무겁습니다. 다음 평형을 이루는 두 저울을 보고 무거운 금화의 번호를 쓰시오.

[가벼운 금화 찾기]

2 다음은 9개의 금화 중 무게가 가벼운 가짜 금화 하나를 찾는 방법을 표로 나타낸 것입니다. 빈칸에 금화의 번호를 써넣어 표를 완성하시오.

윗접시저울 1회		윗접시저울 2회		가짜 금화
	1, 2, 3 > 4, 5, 6 → 4, 5, 6 중의 하나가 가짜 금화	(4 vs 5 저울)	4 > 5	5
			4 = 5	6
			4 < 5	4
(1,2,3 / 4,5,6 / 7,8,9 저울)	1, 2, 3 = 4, 5, 6 → _____ 중의 하나가 가짜 금화	(7 vs 8 저울)	7 > 8	8
			=	
			<	
	1, 2, 3 < 4, 5, 6 → _____ 중의 하나가 가짜 금화	(1 vs 2 저울)	>	
			=	
			<	

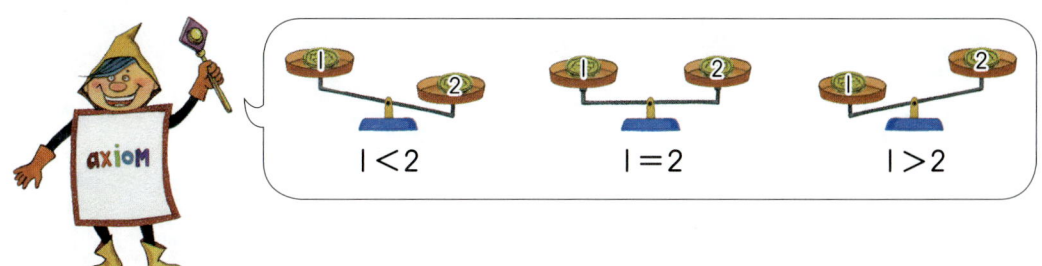

1 < 2   1 = 2   1 > 2

무게가 다른 구슬

모양과 크기가 같은 8개의 구슬이 있습니다. 이 중에서 무게가 10 g인 구슬이 1개, 무게가 9 g인 구슬이 1개이고 나머지는 모두 6 g입니다. 다음을 보고 10 g인 구슬과 9 g인 구슬을 찾아봅시다.

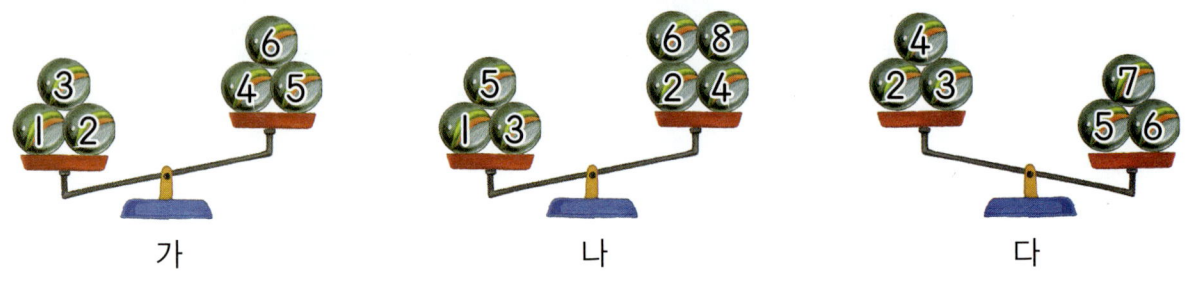

가   나   다

❶ **나** 저울을 보면 3개의 구슬이 4개의 구슬보다 더 무겁습니다. ②, ④, ⑥, ⑧ 구슬은 모두 몇 g씩입니까? ①, ③, ⑤ 구슬에 10 g, 9 g 구슬이 있는 이유를 말해 보시오.

①, ③, ⑤ 3개의 구슬이 가장 무거울 때는 10+9+6=25(g)이군.

②, ④, ⑥, ⑧ 4개의 구슬이 가장 가벼울 때는 6+6+6+6=24(g)이군.

❷ ①, ③, ⑤ 구슬을 제외한 구슬은 모두 6 g이므로 **가**와 **다** 저울에서 다음과 같이 같은 무게의 구슬을 뺄 수 있습니다. 다음 저울을 보고 10 g 구슬과 9 g 구슬을 찾아 보시오.

가   다

⑤는 ③보다 무거우므로 ①이 ⑤보다 무거워야겠군.

[2개의 가짜 금화]

1 모양과 크기가 같은 6개의 금화에 무게가 가벼운 가짜 금화 2개가 섞여 있습니다. 다음을 보고 가짜 금화 2개의 번호를 쓰시오. (단, 가짜 금화 2개는 서로 무게가 같고, 진짜 금화 4개도 서로 무게가 같습니다.)

[금반지 찾기]

2 모양과 크기가 같은 금반지가 10개 있습니다. 14 g짜리와 17 g짜리가 1개씩 있고 나머지 8개는 모두 10 g입니다. 다음을 보고 가장 무거운 금반지를 찾아 번호를 쓰시오.

잘 생각해 봐!

오른쪽 저울에서 금반지 2개가 금반지 3개보다 무거워. 이제 알겠지?

3 눈금 없는 측정

태경이의 친구 연우의 아버지는 한약방을 하시는데 약재를 조재할 때 오래된 천칭 저울을 이용합니다.

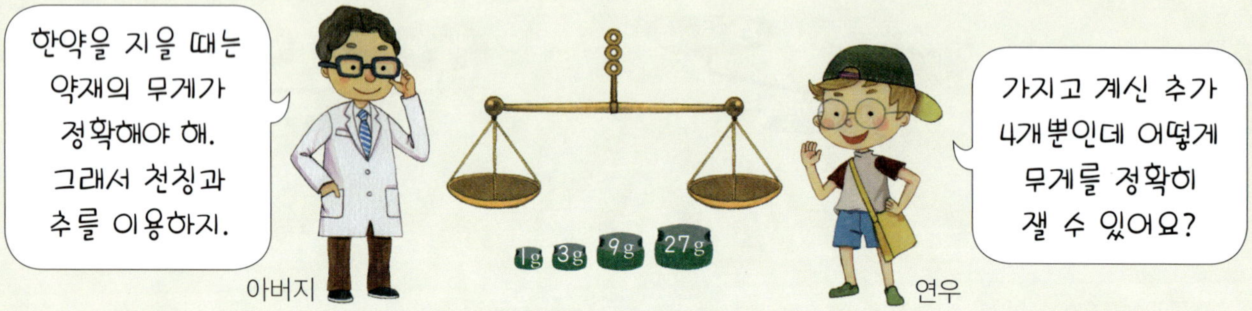

한약을 지을 때는 약재의 무게가 정확해야 해. 그래서 천칭과 추를 이용하지.
아버지
1g 3g 9g 27g
가지고 계신 추가 4개뿐인데 어떻게 무게를 정확히 잴 수 있어요?
연우

연우 아버지께서 약재의 무게를 재는 방법을 알려줍니다.

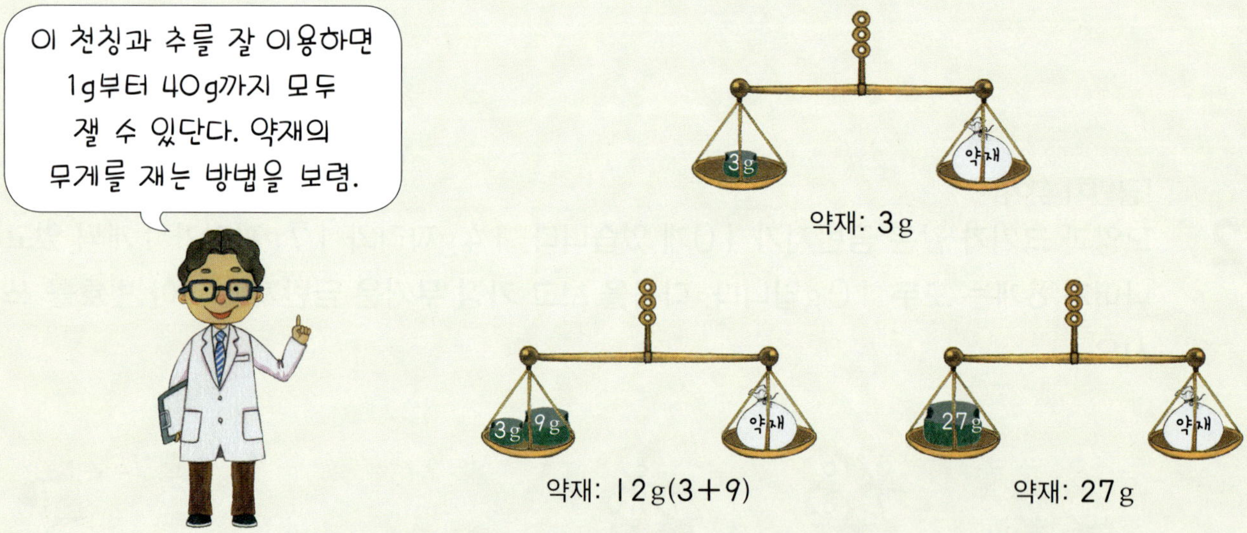

이 천칭과 추를 잘 이용하면 1g부터 40g까지 모두 잴 수 있단다. 약재의 무게를 재는 방법을 보렴.
3g
약재
약재: 3g
3g 9g
약재
약재: 12g(3+9)
27g
약재
약재: 27g

연우가 천칭과 추를 이용하여 약재의 무게를 잰 것입니다. 약재의 무게를 구하시오.

1g 9g
약재
3g 27g
약재 9g
27g
약재 3g 9g

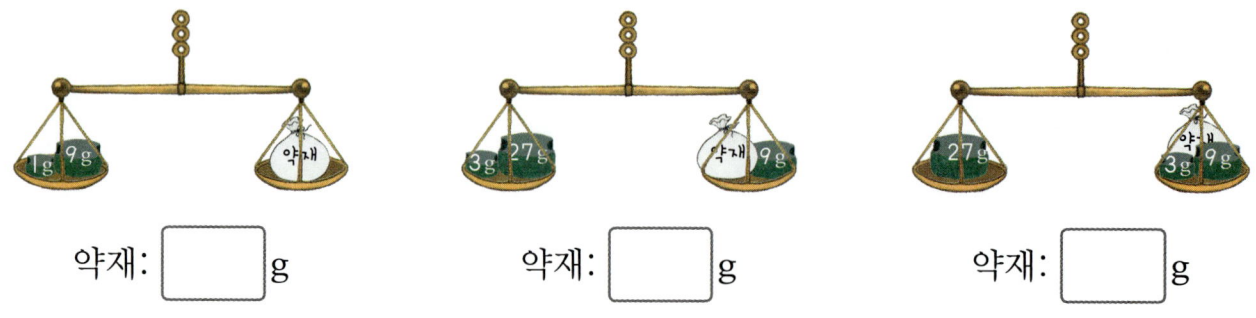

약재: ☐ g　　약재: ☐ g　　약재: ☐ g

연우 아버지께서 가지고 계신 추를 이용하면 1g부터 40g까지의 약재의 무게를 모두 잴 수 있습니다. 13g의 약재를 재려면 오른쪽과 같이 추를 놓으면 됩니다.

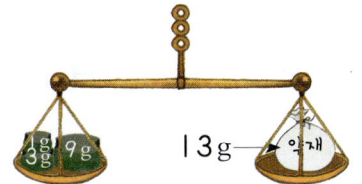

다음 무게의 약재를 만들려고 합니다. 천칭의 접시 위에 알맞게 추를 그려 넣으시오.

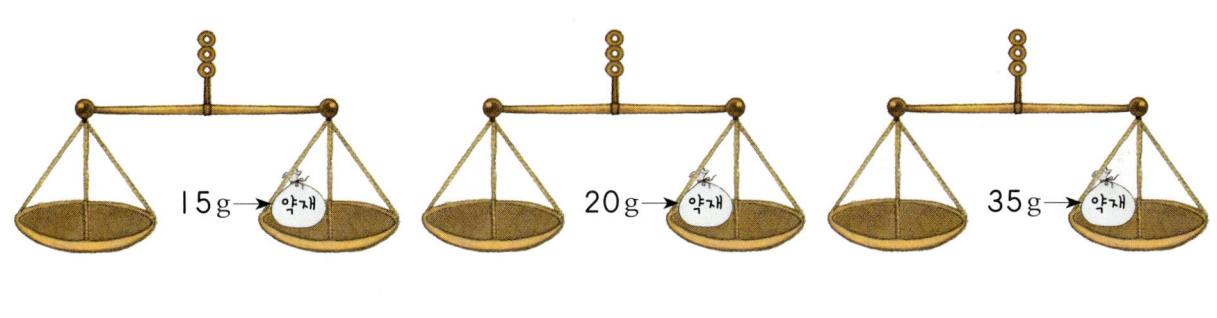

15g → 약재   20g → 약재   35g → 약재

같은 쪽에 추가 있으면 +, 다른 쪽에 추가 있으면 -, 1, 3, 9, 27과 +, -를 사용해 약재의 무게를 만드는 식을 세워 봐.

1, 3, 9, 27과 +, -를 사용해 20을 만들면 (27+3)-(9+1)=20

노크 포인트

① 길이를 알고 있는 막대를 이어 붙이거나 겹쳐서 여러 가지 길이를 잴 수 있습니다. 이어 붙이면 덧셈, 겹치면 뺄셈입니다.

② 추를 놓는 방법에 따라 여러 가지 무게를 잴 수 있습니다. 추가 같은 쪽에 있으면 덧셈, 추가 다른 쪽에 있으면 뺄셈입니다.

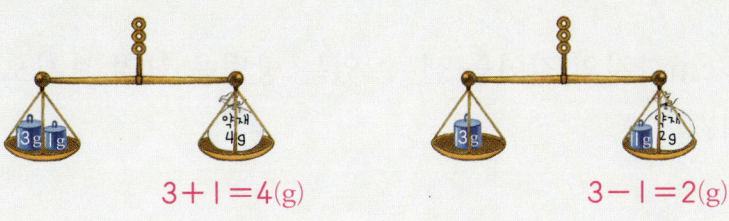

3+1=4(g)   3-1=2(g)

막대로 길이 재기

5 cm, 2 cm짜리 막대가 각각 2개씩 있습니다. 이 막대를 이용하여 여러 가지 길이를 잴 수 있습니다. 1 cm부터 14 cm까지의 길이 중 잴 수 없는 길이를 구해 봅시다.

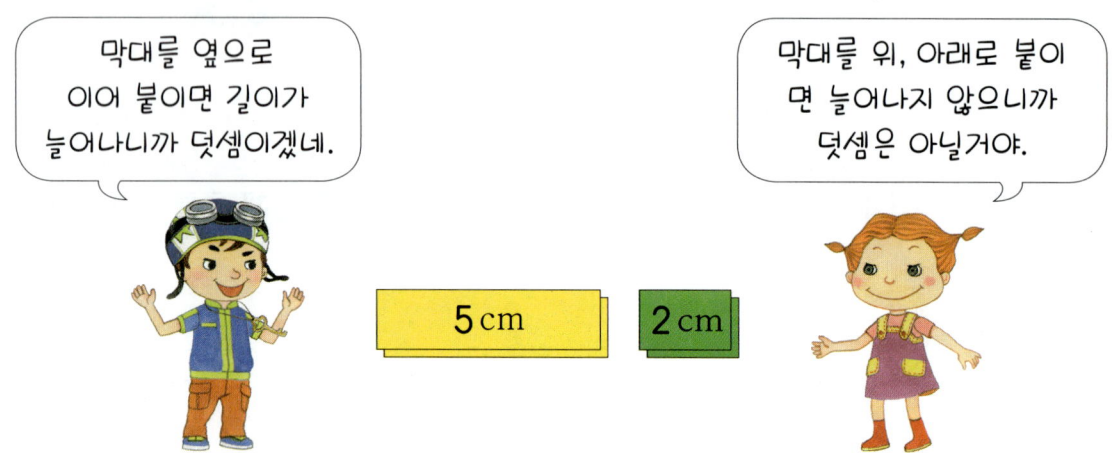

❶ 2 cm, 4 cm, 5 cm, 7 cm, 9 cm, 10 cm 길이를 잴 수 있는 방법을 그려 보시오.

2 cm	2 cm	2 cm	5 cm	
2 cm	4 cm		5 cm	

❷ 1 cm, 3 cm, 6 cm, 8 cm 길이를 잴 수 있는 방법을 그려 보시오.

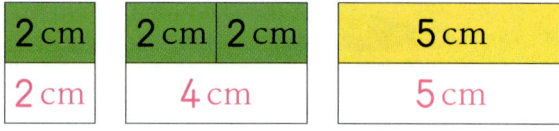

❸ 11 cm부터 14 cm까지의 길이를 잴 수 있는 방법을 그려 보시오. 잴 수 없는 길이는 몇 cm입니까?

[잴 수 없는 길이]

1 2 cm, 4 cm, 5 cm, 10 cm짜리 막대가 각각 1개씩 있습니다.

| 2 | 4 | 5 | 10 |

이 막대를 이용하여 21 cm까지의 길이를 재려고 합니다. 표를 완성하고 1 cm부터 21 cm까지의 길이 중 위의 막대를 이용하여 잴 수 없는 길이를 모두 구하시오.

1	5−4	7		13		19	
2	2	8		14		20	
3	5−2	9		15		21	
4	4	10		16			
5	5	11	2+4+5	17	10+5+2		
6	2+4	12		18			

[잴 수 있는 무게]

2 윗접시저울과 1 g짜리 추, 5 g짜리 추, 15 g짜리 추가 각각 1개씩 있습니다. 추를 양쪽 접시에 놓을 수 있다고 할 때 잴 수 있는 무게는 모두 몇 가지입니까?

추를 한 쪽에 놓았을 때와 양쪽에 놓았을 때로 나누어 생각해 봐.

한쪽에 놓으면 덧셈, 양쪽에 놓으면 뺄셈을 사용하지.

추의 최소 개수

물건을 올려놓는 곳이 한쪽에 따로 있는 대저울을 이용하여 물건의 무게를 재려고 합니다.
1g부터 15g까지의 무게를 모두 재려고 할 때 적어도 몇 개의 추가 필요한지 알아봅시다.

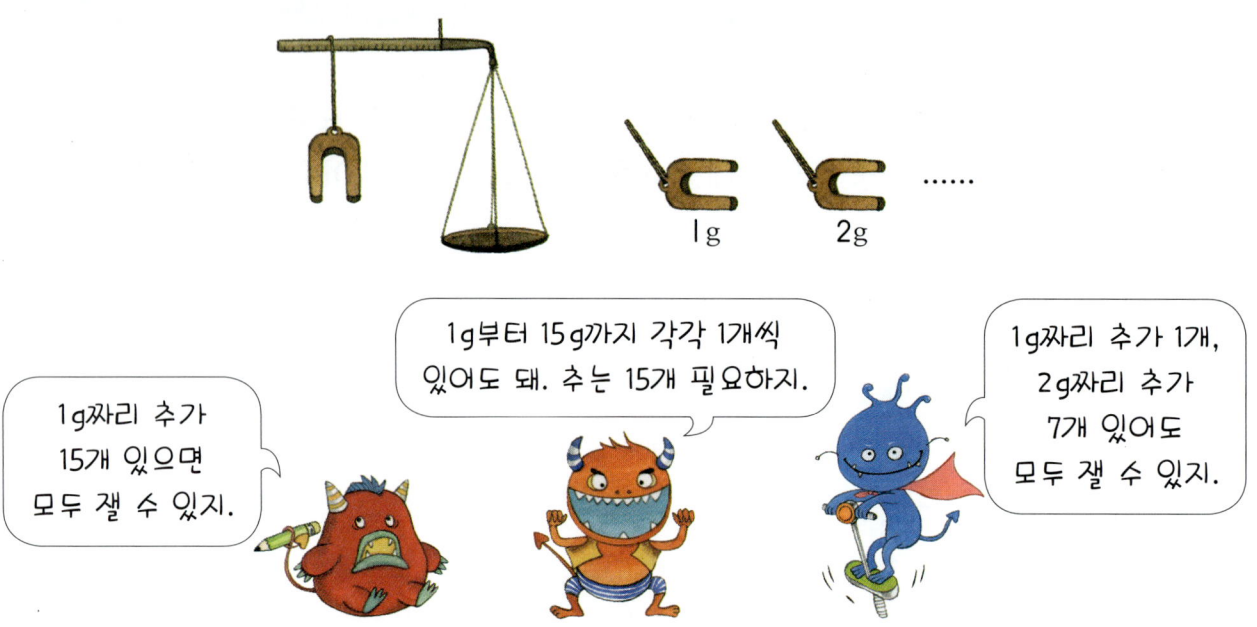

1g부터 15g까지 각각 1개씩 있어도 돼. 추는 15개 필요하지.

1g짜리 추가 15개 있으면 모두 잴 수 있지.

1g짜리 추가 1개, 2g짜리 추가 7개 있어도 모두 잴 수 있지.

❶ 1g과 2g짜리 추가 각각 1개씩 있으면 1g, 2g, 3g(1+2)인 물건의 무게를 잴 수 있습니다. 4g을 재려고 4g짜리 추를 하나 가져왔습니다. 1g, 2g, 4g짜리 추로 몇 g까지 잴 수 있고, 다음 필요한 추는 몇 g짜리입니까?

❷ 1g, 2g, 4g짜리 추와 ❶에서 구한 추로 몇 g까지 잴 수 있습니까?

❸ 1g부터 15g까지의 무게를 재려고 할 때 최소 몇 개의 추가 필요합니까?

[막대 3개 고르기]

1 1 cm부터 9 cm까지 길이의 막대가 각각 1개씩 있습니다. 이 막대를 겹치거나 이어 붙여 1 cm부터 13 cm까지의 길이를 모두 잴 수 있는 막대 3개를 고르려고 합니다. 바르게 고른 요괴를 찾으시오.

난 1 cm, 4 cm, 8 cm 막대를 골랐어.

난 1 cm, 3 cm, 9 cm 막대를 골랐어.

난 1 cm, 2 cm, 10 cm 막대를 골랐어.

거꾸로 요괴   딴짓 요괴   잠만자 요괴

[추의 무게]

2 추 4개와 윗접시저울을 이용하여 1 g부터 40 g까지의 무게를 모두 재었습니다. 추 3개의 무게가 각각 1 g, 3 g, 9 g일 때 나머지 추 1개의 무게를 구하시오.

1 g, 3 g, 9 g 3개의 추로 13 g까지 잴 수 있어. 다음 필요한 추는 몇 g일까?

추 4개의 합이 40 g이 되려면 몇 g짜리 추가 있어야 할까?

그 추만 있으면 1 g부터 40 g까지 모두 잴 수 있는지 확인해 봐.

창의적 문제해결력

1 윗접시저울을 이용하여 구슬과 동전의 무게를 비교하였습니다. 검은 구슬 1개의 무게는 동전 몇 개의 무게와 같습니까? (단, 같은 색 구슬은 무게가 같습니다.)

20개

저울의 양쪽에서 같은 것을 빼서 간단히 만들어.

흰 구슬 2개를 검은 구슬로 바꿔.

2 다음과 같이 균형 잡힌 동물 인형 모빌을 만들었습니다. 토끼 인형의 무게가 100g이라고 할 때, 원숭이, 개구리, 곰 인형의 무게는 각각 몇 g입니까? (단, 모빌의 구멍과 구멍 사이의 거리는 모두 같고, 모빌 막대와 실의 무게는 생각하지 않습니다.)

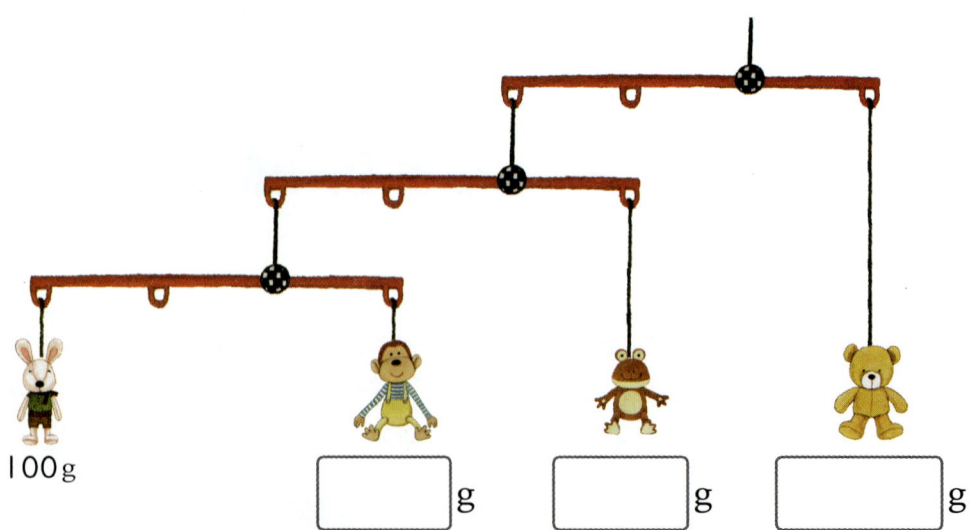

100g

[   ] g   [   ] g   [   ] g

3 모양과 크기가 같은 8개의 금화에 무게가 가벼운 가짜 금화 2개가 섞여 있습니다. 가짜 금화 2개의 무게는 서로 같고, 진짜 금화 6개도 서로 무게가 같습니다. 가짜 금화 2개의 번호를 쓰시오.

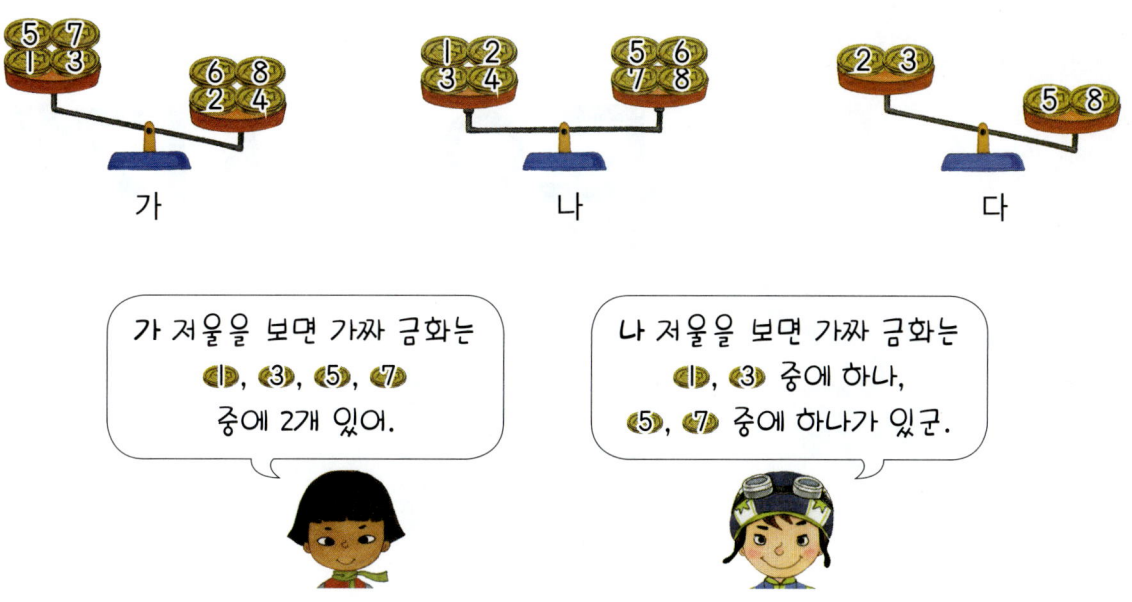

가   나   다

가 저울을 보면 가짜 금화는 ①, ③, ⑤, ⑦ 중에 2개 있어.

나 저울을 보면 가짜 금화는 ①, ③ 중에 하나, ⑤, ⑦ 중에 하나가 있군.

4 2 g짜리 추 2개, 5 g짜리 추 2개, 8 g짜리 추 2개가 있습니다. 추와 윗접시저울을 이용하여 21 g부터 30 g까지의 물건의 무게를 잰다고 할 때 잴 수 없는 무게를 모두 쓰시오.

Chapter 2

들이, 시계와 달력

들이 재기와 시간 재기

강을 건너기 위해서는 배에 마법의 연료를 넣어야 합니다.

- 3 L, 5 L짜리 통이 있다.
- 배에 정확히 4 L의 연료를 넣어야만 이 강을 건널 수 있다.
- 만약 4 L보다 모자라면 배가 중간에서 멈추고 4 L를 넘으면 가라앉을 것이다.
- 단, 한 번에 4 L의 연료를 채워야 한다.

태경이가 배에 4 L의 연료를 채우는 방법을 말합니다.

태경이는 한 번이 아닌 두 번에 4 L를 채웠으므로 방법이 맞지 않습니다. 다음은 아인이가 4 L를 만든 방법입니다. ☐ 안에 연료의 양을 써넣으시오.

아인이가 4 L를 만드는 방법을 표로 나타내었습니다. 표를 완성하시오.

순서	5 L 통의 연료의 양	3 L 통의 연료의 양	내용
준비	0 L	0 L	5 L와 3 L 통을 준비합니다.
1	5 L	0 L	5 L 통에 연료를 가득 채웁니다.
2		3 L	5 L 통의 연료를 3 L 통에 가득 옮깁니다.
3			3 L 통의 연료를 버립니다.
4			5 L 통에 남은 연료를 3 L 통에 붓습니다.
5			5 L 통에 연료를 다시 가득 채웁니다.
6			5 L 통의 연료를 3 L 통이 가득 차도록 옮기면 5 L 통에 남은 연료는 4 L 입니다.

노크 포인트

물통으로 들이 재기

들이가 다른 물통으로 물을 옮기면서 여러 가지 들이를 잴 수 있습니다.

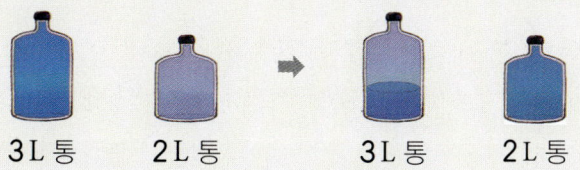

3 L 통   2 L 통   →   3 L 통   2 L 통

3 L 통에 물을 가득 채운 후 2 L 통에 가득 부으면 3 L 통에 1 L의 물이 남게 됩니다.

모래시계로 시간 재기

재는 시간이 다른 모래시계로 여러 가지 시간을 잴 수 있습니다.

3분짜리가 끝날 때 4분짜리가 이어서 시작하면 3분짜리가 시작한 때부터 4분짜리가 끝날 때까지의 시간이 7분입니다. 3분짜리와 4분짜리를 동시에 시작하면 3분짜리가 끝났을 때부터 4분짜리가 끝날 때까지의 시간이 1분입니다.

3분짜리   4분짜리

눈금 없는 들이 재기

10L, 7L, 4L 통이 각각 하나씩 있고, 그중 10L 통에 물이 가득 들어 있습니다.

물을 옮기면서 1L를 만들어 봅시다. (단, 3개의 통 이외의 다른 곳에 물을 버릴 수도 없고 다른 곳에서 물을 가져올 수도 없습니다.)

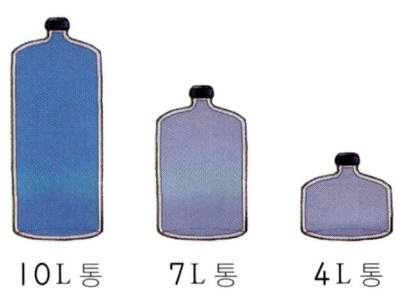

10L통   7L통   4L통

3개의 통과 10L의 물만 이용해서 1L의 물을 만들어야 해.

10L 통에 8L 물을 만들고 7L 통에 가득 부으면 1L의 물이 남을 거야.

❶ 1L의 물을 만드는 두 가지 방법을 표로 나타낸 것입니다. 표를 완성하시오.

[방법 1]

순서	10L 통의 물의 양	7L 통의 물의 양	4L 통의 물의 양
준비	10L	0L	0L
1	6L	0L	4L
2	0L	6L	4L
3	4L	6L	0L
4			
5			
6			
7			

[방법 2]

순서	10L 통의 물의 양	7L 통의 물의 양	4L 통의 물의 양
준비	10L	0L	0L
1	6L	0L	4L
2	6L	4L	0L
3			
4			

난 10L 통에 1L를 만들었어.

난 4L 통에 1L를 만들었어. 내가 훨씬 간단하군.

[6L 만들기]

1 4 L와 7 L 들이 빈 물통이 있습니다. 물을 얼마든지 채우고 버릴 수 있다고 할 때 6 L 의 물을 만들어 보시오.

4L 통   7L 통

갈 생각해 봐!

먼저 4 L 통에 3 L를 만 드는 방법을 생각해 봐.

[4L 만들기]

2 3 L, 5 L, 8 L 통이 각각 하나씩 있고, 그중 8 L 통에 주스가 가득 채워져 있습니다. 3개의 통 이외의 다른 곳에 주스를 버릴 수도 없고 다른 곳에서 주스를 가져올 수도 없 다고 할 때 5 L 통에 4 L의 주스를 만들어 보시오.

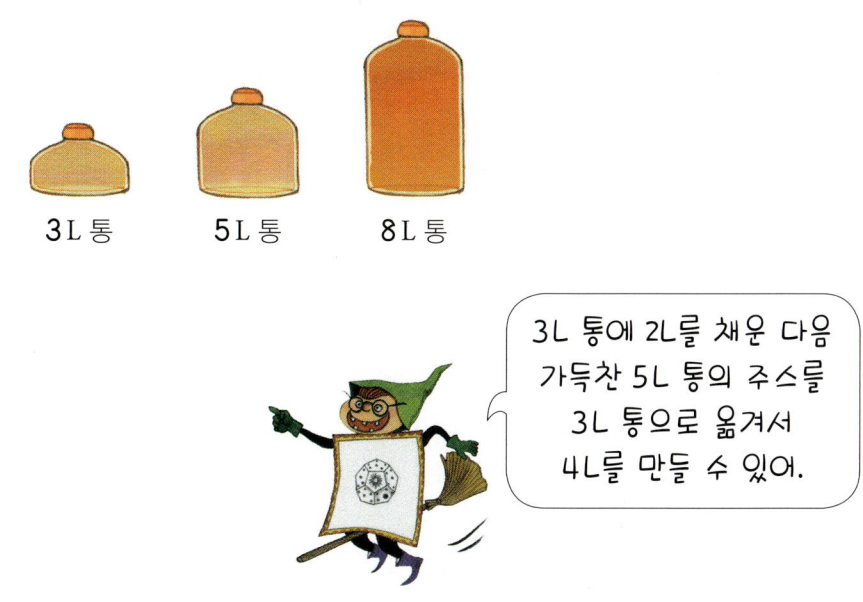

3L 통   5L 통   8L 통

3 L 통에 2L를 채운 다음 가득찬 5 L 통의 주스를 3 L 통으로 옮겨서 4L를 만들 수 있어.

모래시계로 시간 재기

5분짜리와 7분짜리 모래시계가 하나씩 있을 때 16분을 재는 방법을 알아봅시다.

5분짜리　　7분짜리

5분짜리 모래시계로
5분을, 7분짜리 모래시계로
7분을 잴 수 있지.

❶ 5분짜리와 7분짜리 모래시계를 동시에 시작합니다. 5분짜리가 끝났을 때부터 시간을 재기 시작합니다. 7분짜리 모래시계의 모래가 다 떨어지면 시간을 잰 지 몇 분이 지난 것입니까?

5분짜리　　7분짜리　　　　　5분　　　　　5분짜리　　7분짜리　　　　　　분　　　　　7분짜리

❷ ❶에서 7분짜리가 끝나면 7분짜리 모래시계를 뒤집습니다. 뒤집은 모래시계의 모래가 다 떨어지면 시간을 잰 지 몇 분이 지난 것입니까?

❸ ❷에서 7분짜리가 끝나고 다시 7분짜리 모래시계를 뒤집어서 모래가 다 떨어지면 시간을 잰 지 몇 분이 지난 것입니까?

[모래시계로 4분 재기]

1 3분짜리, 5분짜리 모래시계가 각각 하나씩 있습니다. 이 모래시계를 사용하여 4분을 재는 방법입니다. ☐ 안에 알맞은 수를 써넣으시오.

- 3분짜리와 5분짜리 모래시계를 동시에 시작합니다.

- ☐ 분짜리가 끝났을 때 그 모래시계를 뒤집습니다.

- ☐ 분짜리가 끝났을 때 그 모래시계를 뒤집습니다.

- ☐ 분짜리가 끝났을 때부터 시간을 재기 시작합니다.

- ☐ 분짜리 모래시계의 모래가 다 떨어지면 시간을 잰 지 4분이 지난 것입니다.

3분짜리   5분짜리

[모래시계로 13분 재기]

2 5분짜리와 6분짜리 모래시계가 각각 하나씩 있을 때 |3분을 재는 방법을 설명하시오.

5분짜리   6분짜리

5 달력

꼬마 요괴들이 한 달이 며칠인지 이야기합니다.

1월은 31일인데 2월은 28일이야.

7월은 31일인데 8월도 31일이야.

달력은 정말 뒤죽박죽이야. 어떻게 이걸 외우지?

태경이와 초이는 한 달이 며칠인지를 달력을 보지 않고도 알 수 있다고 합니다.

내가 알고 있는 비법이 있어. 주먹을 쥐고 1월부터 차례대로 세. 튀어나온 부분이 큰 달, 움푹 들어간 부분이 작은 달이야.

큰 달은 31일이고, 작은 달은 30일이야. 작은 달 중 2월만 28일 또는 29일이야.

한 달의 날수가 복잡하게 된 이유는 고대 로마에서 사용되던 율리우스력이라는 달력때문입니다. 율리우스력을 만든 카이사르는 2월에서 하루를 빼어 자신이 태어난 달 7월을 31일로 만들었습니다. 카이사르의 아들인 로마의 황제 아우구스투스도 2월에서 하루를 빼어 자신이 태어난 달 8월을 31일인 큰 달로 만들었습니다.
2월은 이리저리 날수를 빼앗겨 28일이 되었습니다.

다음은 어느 해 1월, 2월, 3월의 달력입니다. 1월 1일은 수요일, 2월 1일은 토요일, 3월 1일은 토요일입니다.

이 해의 매달 1일의 요일을 알아보시오.

1월	2월	3월	4월	5월	6월	7월	8월	9월	10월	11월	12월
수	토	토									

7일마다 같은 요일이 반복되므로 며칠 후의 요일은 7로 나누었을 때의 나머지만큼 요일을 헤아리면 됩니다.

오늘이 금요일일 때 100일 후의 요일을 알아보면 $100 \div 7 = 14 \cdots 2$,
100을 7로 나누면 나머지가 2이므로 나머지만큼 요일을 헤아리면 일요일이 됩니다.

요일 없는 달력을 그린 후 조건에 맞게 요일을 표시하면 복잡한 달력 문제를 쉽게 해결할 수 있습니다.

1	2	3	4	5	6	7
8	9	10	11	12	13	14
15	16	17	18	19	20	21
22	23	24	25	26	27	28
29	30	31				

요일 없는 달력

요일 없는 달력

어느 해 11월의 토요일에는 짝수 날이 3번 있습니다. 그 해의 크리스마스는 무슨 요일인지 알아봅시다.

요일 없는 달력을 그려 봐. 요일을 빼고 1일부터 그 달의 마지막 날까지 순서대로 쓰면 돼.

1	2	3	4	5	6	7
8	9	10	11	12	13	14
15	16	17	18	19	20	21
22	23	24	25	26	27	28
29	30					

조건에 맞게 요일을 하나 먼저 표시한 다음 순서대로 나머지 요일을 표시하면 돼.

❶ 요일 없는 달력을 그립니다. 11월은 30일까지 있으므로 30일까지 순서대로 씁니다. 짝수 날이 3번 있는 요일에 토요일을 쓰고, 순서에 맞게 나머지 요일을 채우시오.

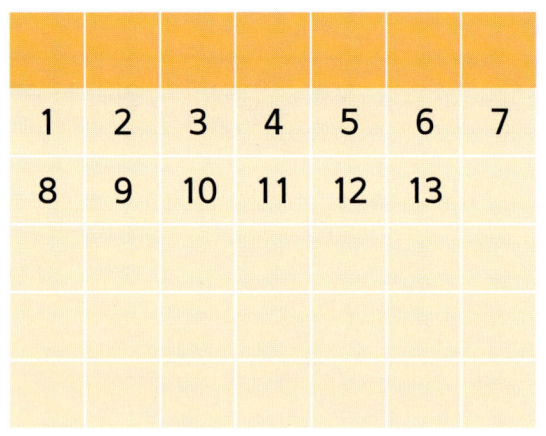

1	2	3	4	5	6	7
8	9	10	11	12	13	

잘 생각해 봐!

왼쪽에서부터 첫 번째 요일은 홀수 날이 1일, 15일, 29일로 3번 있고, 짝수 날이 8일, 22일로 2번 있어.

❷ ❶의 달력에서 11월 30일은 무슨 요일입니까? 또, 그 다음 날인 12월 1일은 무슨 요일입니까?

❸ 크리스마스는 12월 25일입니다. 12월 25일은 무슨 요일입니까?

[삼일절]

1 어느 해의 3월에는 일요일이 5번, 월요일이 4번 있습니다. 그 해 삼일절은 무슨 요일입니까?

삼일절은 3월 1일이야. 삼일절 하면 유관순 누나가 생각나지.

1	2	3	4	5	6	7
8	9	10	11	12	13	14
15	16	17	18	19	20	21
22	23	24	25	26	27	28
29	30	31				

31일까지 있는 요일 없는 달력을 이용하면 돼.

[한글날]

2 어느 해 6월의 달력입니다. 그 해의 한글날(10월 9일)은 무슨 요일입니까?

6월

일	월	화	수	목	금	토
				1	2	3
4	5	6	7	8	9	10
11	12	13	14	15	16	17
18	19	20	21	22	23	24
25	26	27	28	29	30	

6월은 30일까지 있어. 6월 9일부터 30일 후는 7월 9일이야.

윤년과 평년

고대 로마의 달력인 율리우스력에서는 1년이 정확히 365일이 아닌 것을 알고 4년마다 한 번씩 2월을 29일로 정했습니다. 그로부터 천 년이 넘게 사용되면서 점차 날짜가 맞지 않게 되었는데, 그레고리력에서는 다음과 같이 달력을 수정하였고 현재까지 사용되고 있습니다.

> **윤년과 평년의 규칙**
> 2월이 29일까지 있는 해를 윤년, 2월이 28일까지 있는 해를 평년이라고 합니다.
> 따라서 평년인 해의 1년은 365일, 윤년인 해의 1년은 366일이 됩니다.
> 1996년, 2004년……과 같이 4로 나누어 떨어지는 해는 윤년으로 하되
> 1800년, 1900년……과 같이 100으로 나누어 떨어지는 해는 평년으로 하고
> 1600년, 2000년……과 같이 400으로 나누어 떨어지는 해는 윤년으로 합니다.

2018년부터 2025년까지 매년 1월 1일의 요일을 알아봅시다.

❶ 2018년부터 2025년까지 윤년을 구해 보시오.

❷ 평년은 365일입니다. 2018년 1월 1일이 월요일이라고 할 때, 2019년 1월 1일과 2020년 1월 1일은 무슨 요일인지 차례로 쓰시오.

이것도 몰라!

365를 7로 나누면
$365 \div 7 = 52 \cdots 1$

❸ 2020년은 윤년이므로 1년은 366일입니다. 2021년 1월 1일은 무슨 요일입니까?

❹ 2018년부터 2025년까지 매년 1월 1일의 요일을 구하시오.

년도	2018	2019	2020	2021	2022	2023	2024	2025
1월 1일의 요일	월요일							

[1988년 마지막 날 요일]

1 2021년 1월 1일은 금요일이고, 그 해 마지막 날인 12월 31일도 같은 금요일입니다. 서울올림픽이 열렸던 해인 1988년의 1월 1일도 금요일이라고 합니다. 1988년 12월 31일은 무슨 요일입니까?

잘 생각해 봐!

2021년 12월 31일은 그 해 1월 1일부터 364일 후가 되는 날이야.

[재활용 달력]

2 연도만 다를 뿐 날짜와 요일이 똑같은 달력이 있습니다. 이 달력을 사용하면 새해가 되어도 달력을 만들 필요가 없습니다. 2019년 이전에 2019년과 날짜와 요일이 같은 해 중 가장 가까운 해는 몇 년입니까?

2019년 1월

일	월	화	수	목	금	토
		1	2	3	4	5
6	7	8	9	10	11	12
13	14	15	16	17	18	19
20	21	22	23	24	25	26
27	28	29	30	31		

2018년 1월 1일은 월요일이라 요일이 달라.

2016년은 윤년이라 날수가 달라. 물론 요일도 다르고.

6 시차

영국 런던의 그리니치 천문대를 지나고 지구의 남과 북을 잇는 선을 본초자오선이라고 합니다. 본초자오선을 경도 0° 선이라고 하며 이 선을 중심으로 동서로 나누어 동쪽은 동경, 서쪽은 서경이라고 합니다.

경도 15°마다 1시간의 시차가 생기는데, 동쪽으로 갈수록 시각은 빨라지고, 서쪽으로 갈수록 시각은 느려집니다. 한국은 동경 135°를 기준으로 한 시각을 사용하여 본초자오선보다 9시간이 빠릅니다.

> 경도 15°마다 1시간의 시차가 생기므로 동경 135°인 지점은 경도 0°인 지점보다 9시간이 빠른 셈이지.

> 동경 135°를 기준으로 하는 시각을 사용하는 한국은 본초자오선이 지나는 영국보다 9시간이 빨라.

한국이 낮 12시를 가리킬 때 영국은 몇 시입니까?

🕐 다음은 서울이 **7**시일 때 캐나다 토론토와 러시아 모스크바의 시각입니다.

서울	토론토	모스크바
PM 7:00	AM 6:00	PM 1:00
3월 5일 오후 7시	3월 5일 오전 6시	3월 5일 오후 1시

● 한국의 서울이 **3**월 **5**일 오후 **7**시일 때 캐나다의 토론토는 **3**월 **5**일 오전 **6**시
입니다. 토론토가 **3**월 **5**일 오후 **6**시라면 서울은 몇 월 며칠 몇 시입니까?

토론토가 오전 6시,
서울이 오후 7시이니까
서울이 13시간 빨라.

서울 시각은 토론토의
시각에 13시간을
더하면 되겠군.

● 한국의 서울이 **3**월 **5**일 오후 **7**시일 때 러시아의 모스크바는 **3**월 **5**일 오후 **1**시
입니다. 모스크바가 **3**월 **5**일 오후 **7**시일 때 서울은 몇 월 며칠 몇 시입니까?

노크 포인트

어느 한 시점에 세계 여러 나라 도시들의 시각이 서로 다른데, 이들 도시간의 시각 차를 시차라고 합니
다. 이는 지구의 자전 운동을 통해 발생합니다.

기준이 되는 도시보다 시차가 빠르면 그 시간을 더하고 시차가 늦으면 그 시간만큼 빼 줍니다.

서울이 베트남의 하노이보다 **2**시간 빠르다고 합니다.
서울의 시각이 오후 **4**시일 때 하노이의 시각은 서울보다 **2**시간 느리므로 오후 **4**시에서 **2**시간을 뺀
오후 **2**시입니다.
하노이의 시각이 오후 **4**시일 때 서울의 시각은 하노이보다 **2**시간 빠르므로 오후 **4**시에 **2**시간을 더
한 오후 **6**시입니다.

삼촌의 해외 출장

태경이 삼촌께서 다음과 같은 쪽지를 남기시고 영국 런던으로 출장을 가셨습니다.

태경아!
삼촌의 업무시간은 런던 시각으로
오전 8시부터 오후 6시까지란다.
이 시간을 피해서 전화를 하렴.
자주 연락하자.
-삼촌-

서울의 시각이 오후 6시 30분일 때 영국 런던의 시각이 다음과 같습니다. 태경이가 전화하지 말아야 할 서울의 시각은 언제부터 언제까지인지 알아봅시다.

오후 6시 30분
서울

오전 9시 30분
런던

❶ 서울의 시각과 런던의 시각을 보고 서울이 런던보다 몇 시간 빠른지 구하시오.

❷ ❶에서 구한 시차를 이용하여 ☐ 안에 알맞은 수와 말을 써넣으시오.

런던 오전 8시 ➡ 서울 같은 날 [   ]시

런던 오후 6시 ➡ 서울 다음 날 [   ]시

❸ 태경이가 전화를 피해야 할 서울의 시각은 언제부터 언제까지입니까?

1 [올림픽 개막식 시각]
2016년 브라질에서 개최된 제31회 리우데자네이루 올림픽은 리우데자네이루 시각으로 8월 5일 오후 6시에 개막식이 열렸습니다. 리우데자네이루의 시각이 우리나라보다 12시간 느리다고 할 때, 개막식이 열린 시각은 우리나라 시각으로 몇 월 며칠 몇 시입니까?

2 [한국 도착 시각]
지오의 아버지는 미국 샌프란시스코로 출장을 가셨습니다.

지오의 아버지가 샌프란시스코에서 출발하는 시각은 한국 시각으로 몇 월 며칠 몇 시입니까?

시차와 비행 시간

아인이의 이모는 내일 미국의 뉴욕으로 7박 9일간의 배낭 여행을 떠납니다.

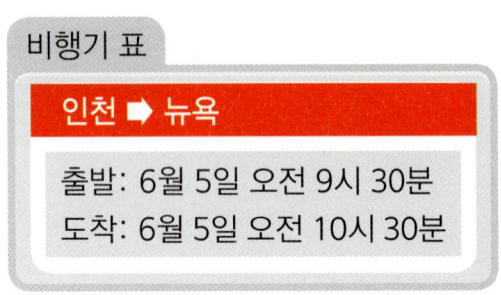

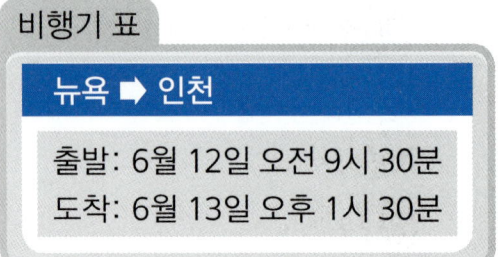

바람의 영향으로 뉴욕으로 갈 때보다 인천으로 올 때가 1시간이 더 걸린다고 합니다. 인천에서 뉴욕으로 가는 비행 시간을 알아보고, 인천과 뉴욕의 시차를 구해 봅시다.

❶ 시차를 고려하지 않을 때 인천에서 뉴욕으로 갈 때는 1시간이 걸립니다. 시차를 고려하지 않을 때 뉴욕에서 인천으로 올 때는 몇 시간이 걸립니까? 또, 왕복 비행 시간을 구하시오.

❷ ❶에서 구한 비행 시간의 합은 인천에서 뉴욕까지의 왕복 비행 시간과 같습니다. 인천에서 뉴욕으로 갈 때의 비행 시간은 몇 시간입니까?

인천과 뉴욕의 시차를 ☐시간이라고 하면 인천에서 뉴욕까지의 비행 시간은 1+☐, 뉴욕에서 인천까지의 비행 시간은 28−☐, 왕복 비행 시간은 (1+☐)+(28−☐)

❸ 인천에서 오전 9시 30분에 출발한 비행기가 14시간 걸려 뉴욕에 도착하였는데 뉴욕시간으로 같은 날 오전 10시 30분입니다. 인천과 뉴욕의 시차를 구하시오.

1 인천에서 프랑스 파리행 직행 비행기가 오전 9시 20분에 출발하였습니다. 11시간 50분간 비행하여 도착한 파리의 현지 시각이 같은 날 오후 2시 10분입니다. 인천과 파리의 시차를 구하시오.

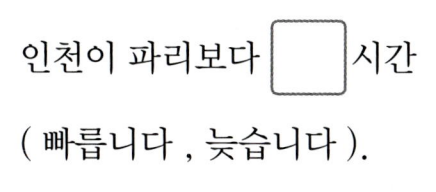

인천이 파리보다 ☐ 시간

(빠릅니다 , 늦습니다).

잘 생각해 봐!

프랑스에 도착한 시각을 인천 시각으로 바꾸어 구해 봐.

[도착하는 시각]

2 인천에서 자카르타까지의 비행 시간과 자카르타에서 인천까지의 비행 시간은 같습니다. 다음 비행기 표를 보고 자카르타에서 7월 20일 오후 1시에 출발했을 때 인천에 도착하는 시각을 구하시오. (단, 자카르타는 인천보다 2시간 느립니다.)

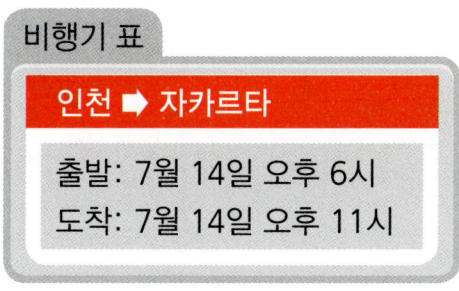

비행기 표

인천 ➡ 자카르타

출발: 7월 14일 오후 6시
도착: 7월 14일 오후 11시

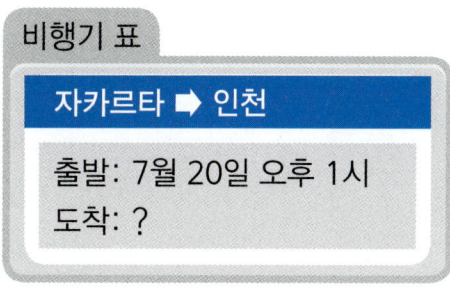

비행기 표

자카르타 ➡ 인천

출발: 7월 20일 오후 1시
도착: ?

1 다음 3개의 물통 중 12 L 통에 물이 가득 차 있습니다. 물을 옮기면서 12 L 통에 3 L 의 물을 만들어 보시오. (단, 3개의 통 이외의 다른 곳에 물을 버릴 수도 없고 다른 곳 에서 물을 가져올 수도 없습니다.)

12 L 통   7 L 통   5 L 통

먼저 12L 통에 10L의 물을 채우는 방법을 생각해 봐.

2 우리가 용 띠, 소 띠⋯⋯라고 부르는 띠는 십이지에서 유래된 말입니다. 십이지는 다 음과 같은 12종류의 동물을 나타냅니다. 한 해를 나타내는 동물은 십이지의 순서에 따라 바뀝니다. 올해가 용의 해라면 다음 해는 뱀의 해, 그 다음 해는 말의 해가 되는 것입니다.

십이지	자	축	인	묘	진	사	오	미	신	유	술	해
동물	쥐	소	호랑이	토끼	용	뱀	말	양	원숭이	닭	개	돼지

자신이 태어난 해의 동물이 자신의 띠가 됩니다. 2010년에 태어난 사람이 호랑이띠 라고 할 때, 2월 29일이 생일인 사람의 띠가 될 수 있는 것을 모두 쓰시오.

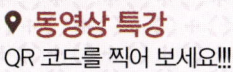
3 어느 해 1월 1일은 수요일입니다. 그 해 어린이날(5월 5일)은 무슨 요일입니까?
(단, 이 해는 2월이 28일까지 있는 평년입니다.)

1월 1일이 수요일이면
2월 1일은 토요일,
3월 1일은 토요일,
4월 1일은 화요일이지.

5월 5일은
1월 1일부터
며칠 후일까?

4 인도 뉴델리의 시각은 서울보다 3시간 30분 느리고, 호주 시드니의 시각은 서울보다
1시간 빠릅니다. 시드니의 시각이 5월 5일 오후 2시라고 할 때 뉴델리는 몇 월 며칠
몇 시 몇 분입니까?

시드니는 뉴델리보다
4시간 30분 빠르군.

Chapter 3

각도

도형과 각

태경이는 삼각형의 세 각을 잘라 각의 꼭짓점이 한 점에서 모이도록 이어 붙였습니다.

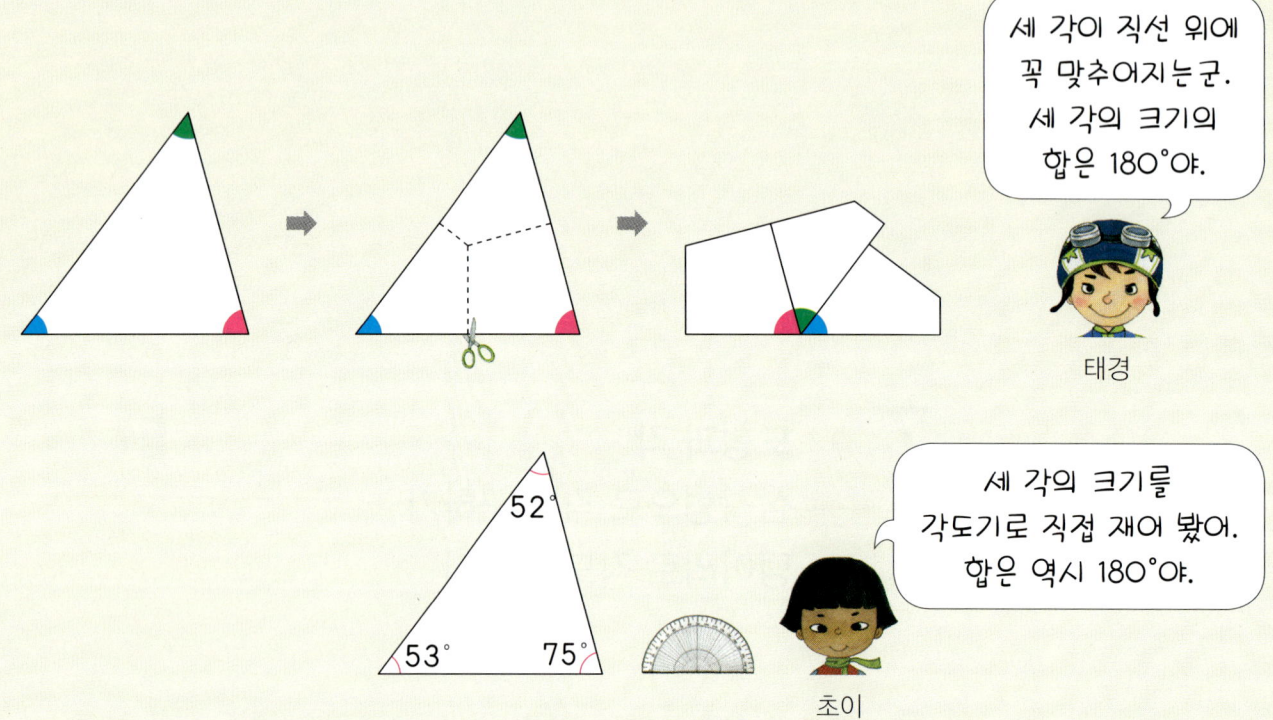

세 각이 직선 위에 꼭 맞추어지는군. 세 각의 크기의 합은 180°야.

태경

세 각의 크기를 각도기로 직접 재어 봤어. 합은 역시 180°야.

초이

아인이는 삼각형의 세 각의 크기의 합을 이용하여 사각형의 네 각의 크기의 합을 구합니다.

(사각형의 네 각의 크기의 합)
=(삼각형의 세 각의 크기의 합)×2
=180°×2
=360°

아인

주어진 도형에 선을 그어 삼각형으로 나누고, 표시된 각의 크기의 합을 구하시오.

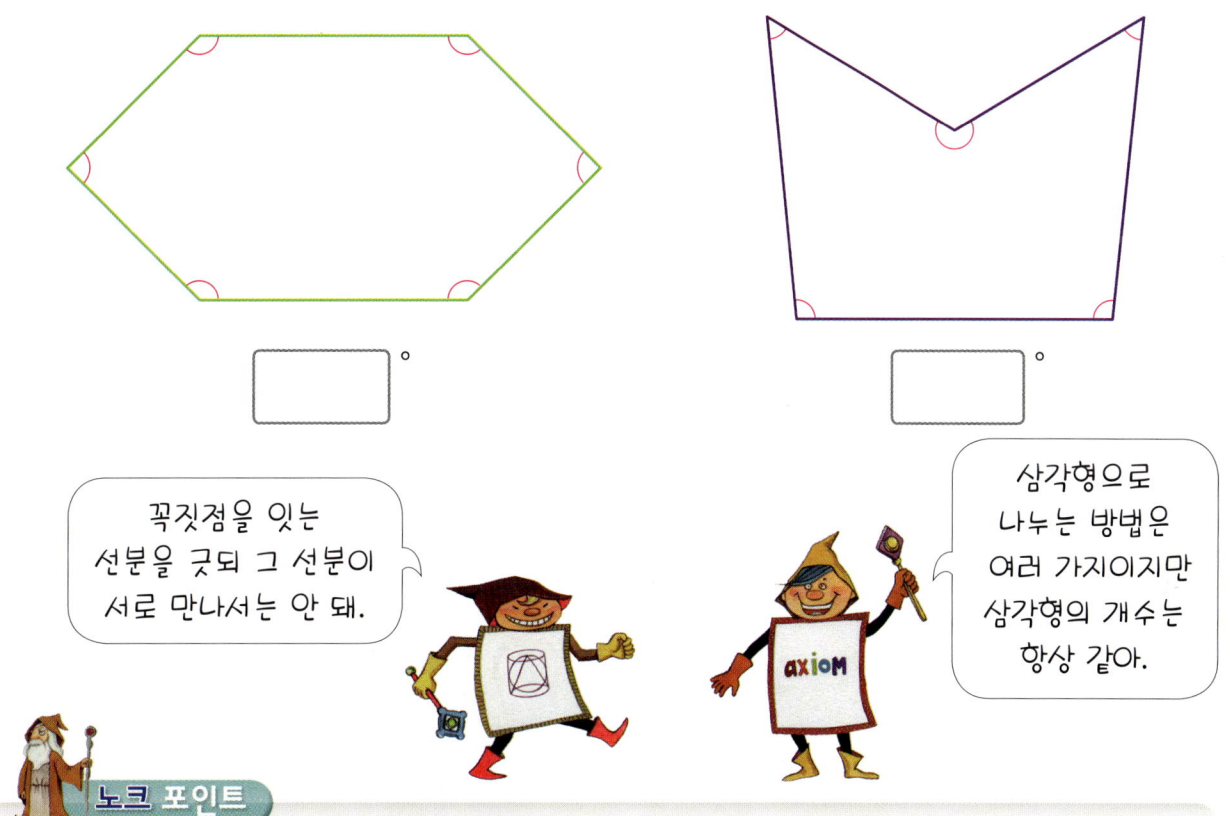

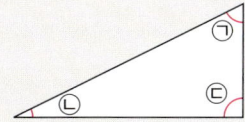 °

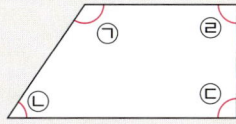 °

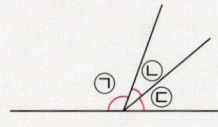
꼭짓점을 잇는 선분을 긋되 그 선분이 서로 만나서는 안 돼.

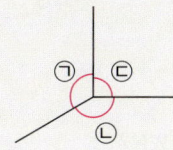
삼각형으로 나누는 방법은 여러 가지이지만 삼각형의 개수는 항상 같아.

노크 포인트

도형에서 각의 크기를 구할 때, 다음과 같은 성질을 이용합니다.
① 삼각형의 세 각의 크기의 합은 180°입니다.

$$㉠+㉡+㉢=180°$$

② 사각형의 네 각의 크기의 합은 360°입니다.

$$㉠+㉡+㉢+㉣=360°$$

③ 직선 위에 있는 각의 크기의 합은 180°, 한 바퀴를 이루는 각의 크기의 합은 360°입니다.

$$㉠+㉡+㉢=180°$$

$$㉠+㉡+㉢=360°$$

삼각형으로 각도 구하기

☐ 안에 알맞은 수를 구해 봅시다.

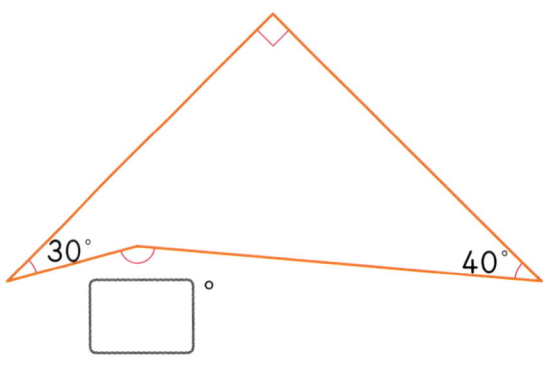

❶ 선을 그어 **2**개의 삼각형으로 나누었습니다. 도형 안에 표시한 네 각의 크기의 합을 구하시오.

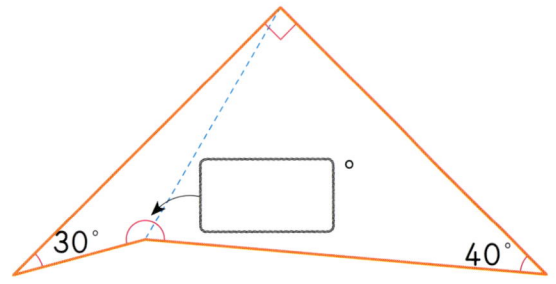

도형의 네 각의
크기의 합은
(삼각형의 세 각의
크기의 합)X2와 같아.

❷ ❶의 ☐ 안에 알맞은 수를 써넣으시오.

❸ 다음 그림에서 ㉠과 ㉡의 합을 구하시오.

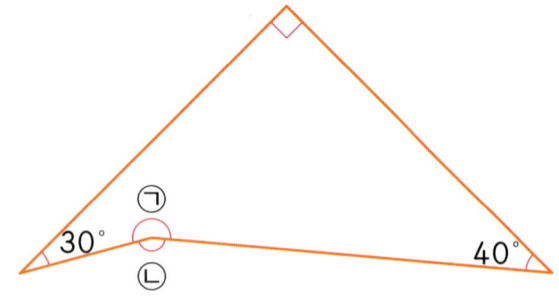

한 바퀴를 이루는
각의 크기의 합은
360°이지.

❹ 구하는 각도는 몇 도입니까?

[다각형의 한 각의 크기]

1 ☐ 안에 알맞은 수를 써넣으시오.

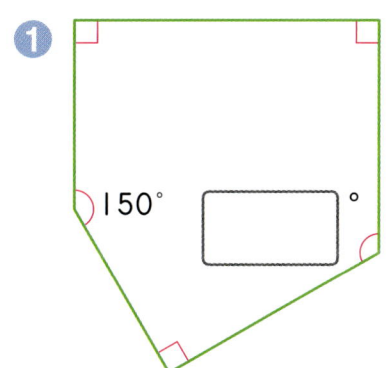

① 150°   ☐ °

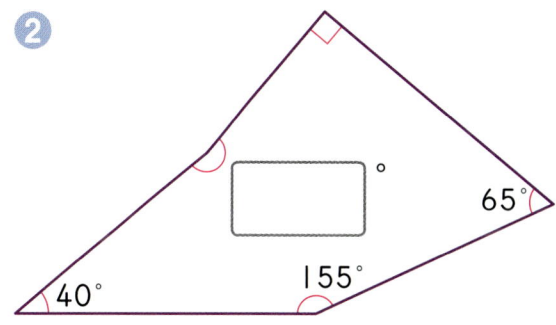

② ☐ °   65°   40°   155°

[겹쳐진 삼각형의 각도]

2 2개의 삼각형을 겹친 것입니다. ☐ 안에 알맞은 수를 써넣으시오.

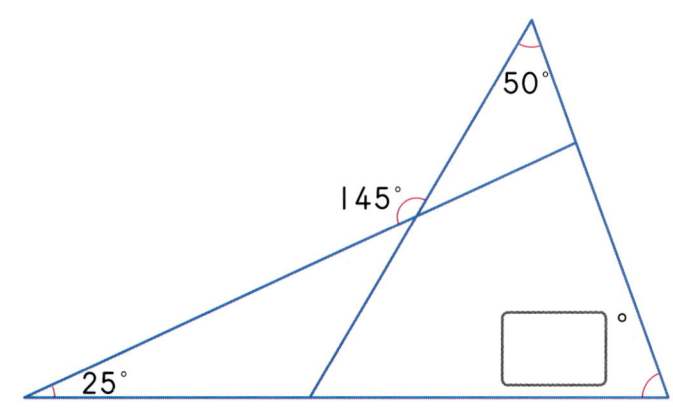

50°   145°   25°   ☐ °

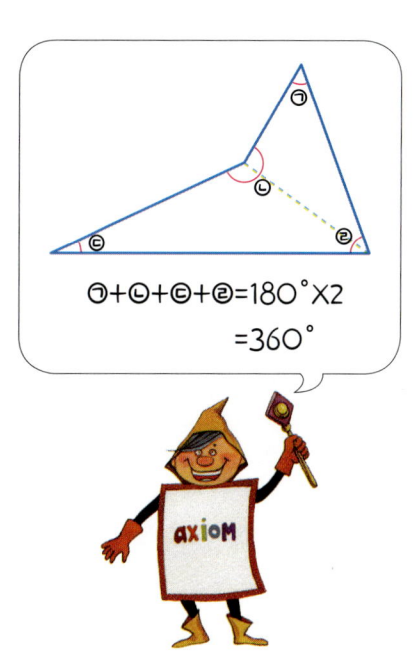

㉠+㉡+㉢+㉣=180°×2
=360°

🐲 덩어리로 각도 구하기

다음 그림에서 같은 기호는 같은 크기의 각을 나타냅니다. ☐ 안에 알맞은 수를 구해 봅시다.

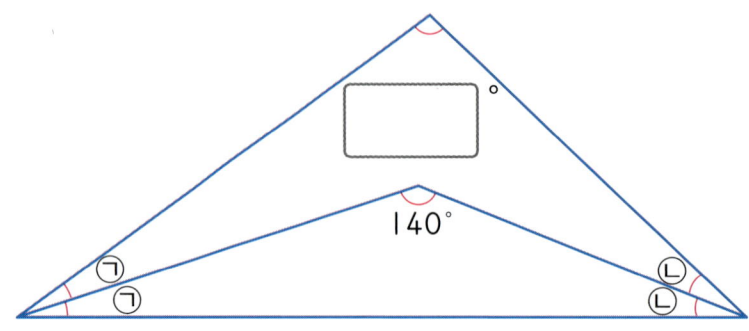

❶ 색칠된 삼각형에서 세 각의 크기의 합은 180°입니다. ㉠과 ㉡의 합을 구하시오.

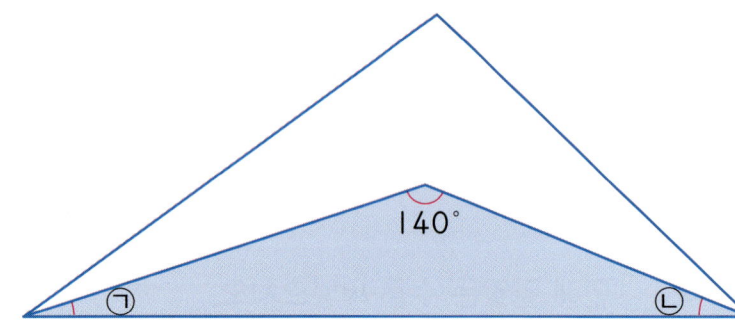

$$㉠+㉡+140°=180°$$

$$㉠+㉡=\boxed{}°$$

❷ 큰 삼각형에서 세 각의 크기의 합은 180°입니다. ☐ 안에 알맞은 수를 써넣으시오.

$$㉠+㉠+㉡+㉡+\boxed{}°=180°$$

㉠과 ㉡을 각각
구할 수는 없어.
하지만 ㉠과 ㉡의
합만 알면 구하는 각의
크기를 알 수 있어.

[각의 합 이용하여 각도 구하기]

1 다음 그림에서 같은 모양은 같은 크기의 각을 나타냅니다. ☐ 안에 알맞은 수를 써넣으시오.

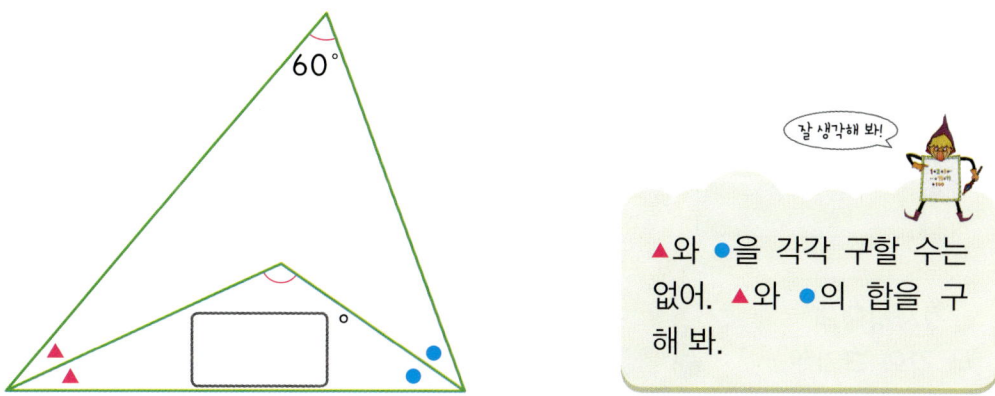

잘 생각해 봐!

▲와 ●을 각각 구할 수는 없어. ▲와 ●의 합을 구해 봐.

[덩어리로 각도 구하기]

2 다음 그림에서 같은 기호는 같은 크기의 각을 나타냅니다. ☐ 안에 알맞은 수를 써넣으시오.

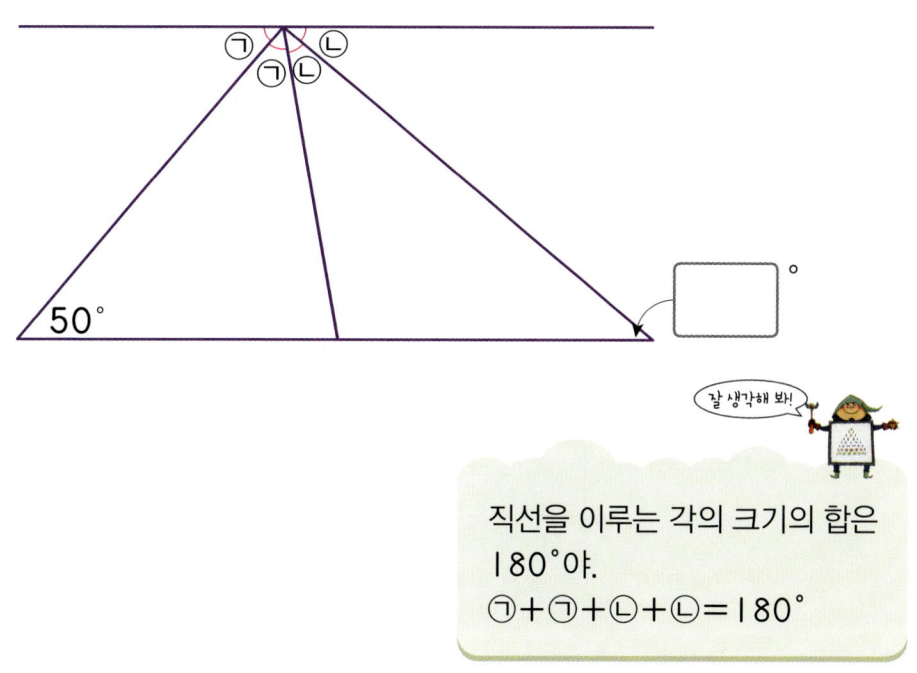

잘 생각해 봐!

직선을 이루는 각의 크기의 합은 180°야.
㉠+㉠+㉡+㉡=180°

8 접기와 각

꼬마 요괴들이 정사각형 모양의 색종이를 접어서 여러 가지 각을 만듭니다.

정사각형의 네 각의 크기는 모두 90°야.

대각선을 따라 접으면 45°를 만들 수 있어.

한 번 더 접어도 45°를 만들 수 있어.

아인이는 정사각형 모양의 색종이로 30°와 60°의 각을 만듭니다.

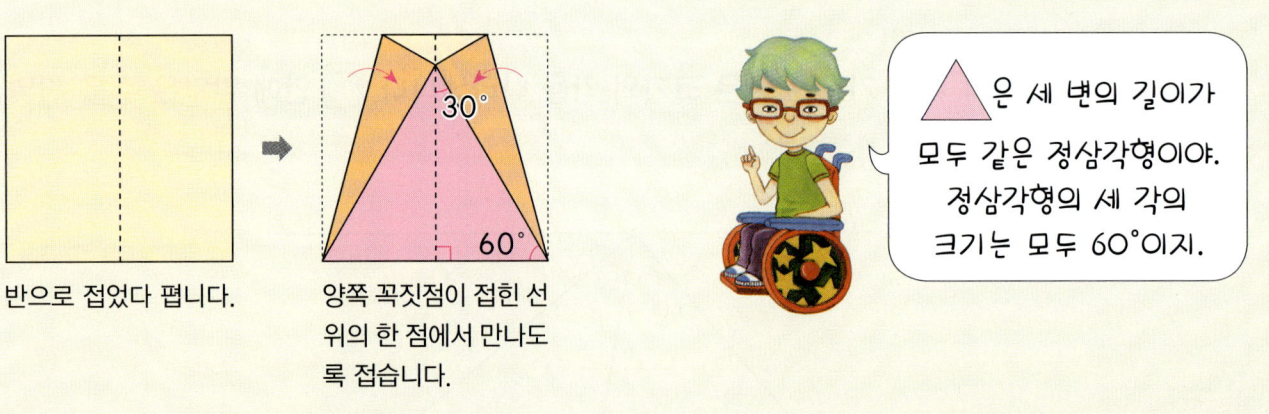

반으로 접었다 폅니다.

양쪽 꼭짓점이 접힌 선 위의 한 점에서 만나도록 접습니다.

△ 은 세 변의 길이가 모두 같은 정삼각형이야. 정삼각형의 세 각의 크기는 모두 60°이지.

아인이가 정사각형 모양의 색종이를 접어 만든 모양입니다. ☐ 안에 알맞은 수를 써넣으시오.

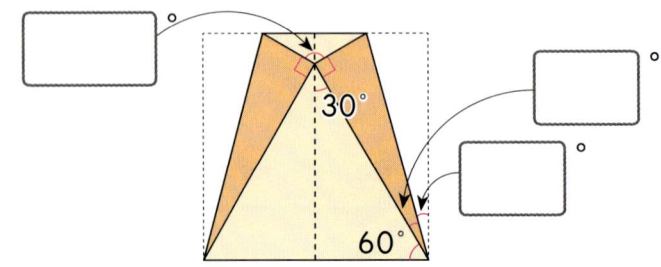

🕐 점선을 따라 색종이를 접었을 때 크기가 같은 각을 찾아 보기 와 같이 같은 기호로 나타내시오.

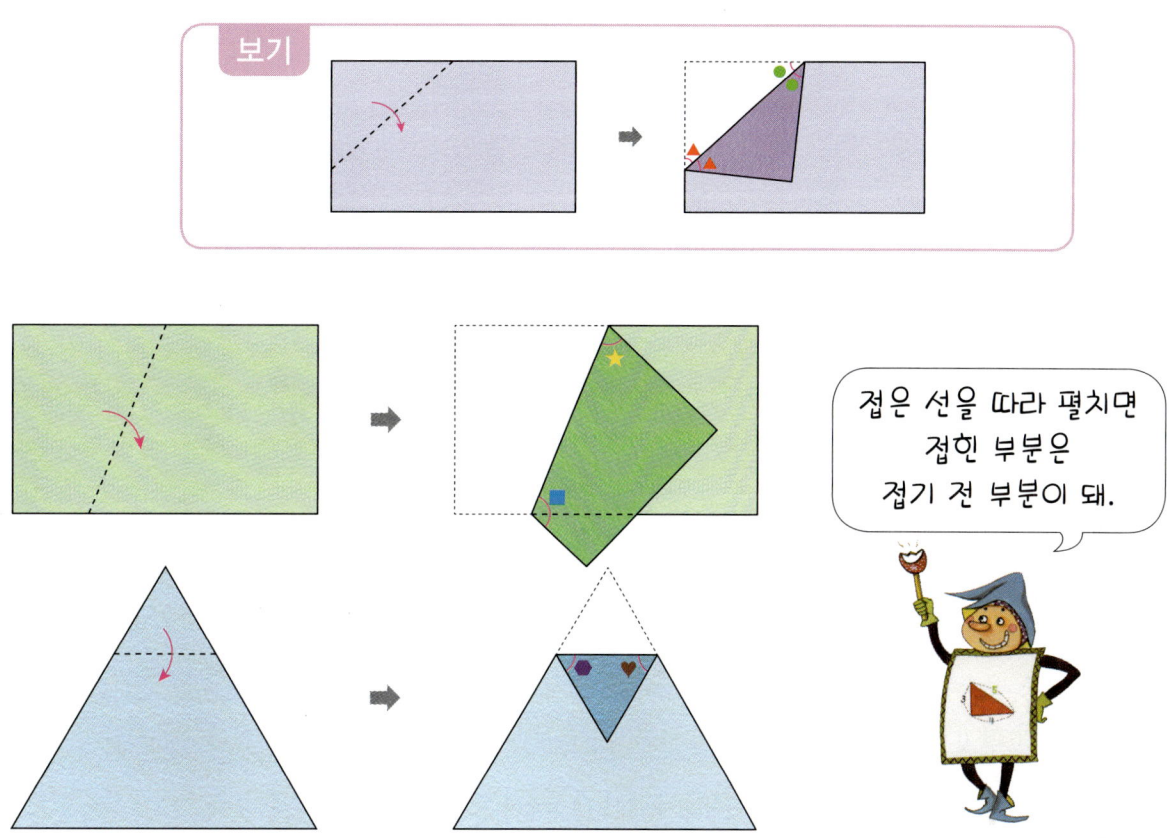

접은 선을 따라 펼치면 접힌 부분은 접기 전 부분이 돼.

노크 포인트

접기 전 부분과 접힌 부분은 모양과 크기가 같은 도형이므로 각의 크기가 서로 같습니다.

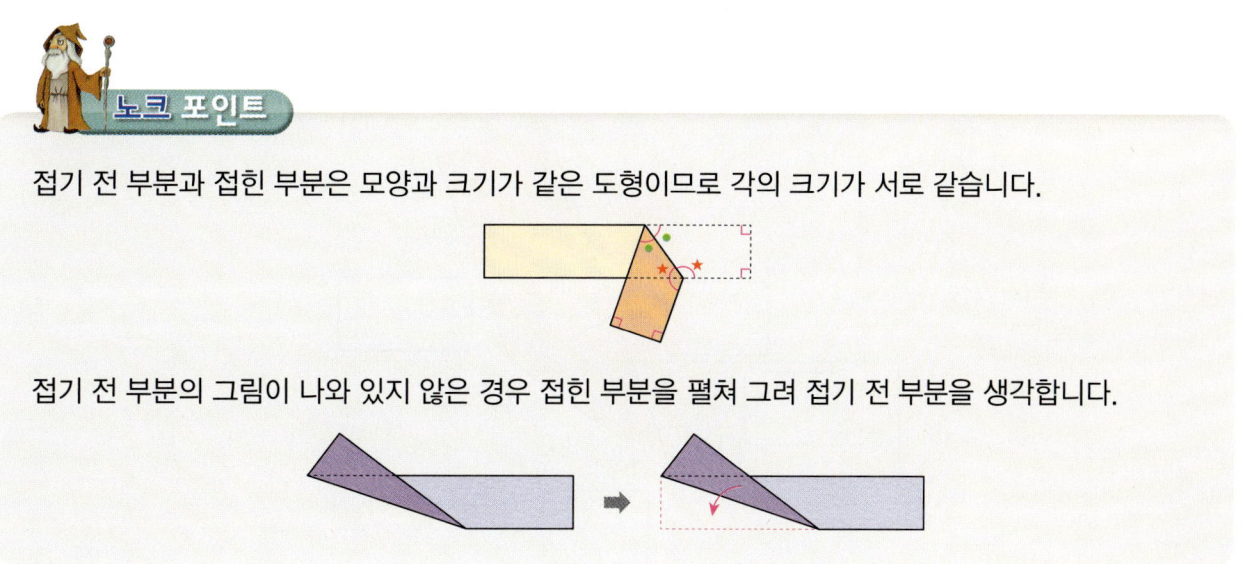

접기 전 부분의 그림이 나와 있지 않은 경우 접힌 부분을 펼쳐 그려 접기 전 부분을 생각합니다.

테이프 접기와 각

오른쪽 그림은 직사각형 모양의 종이띠를 접은 것입니다.

각 ㉣의 크기를 알아봅시다.

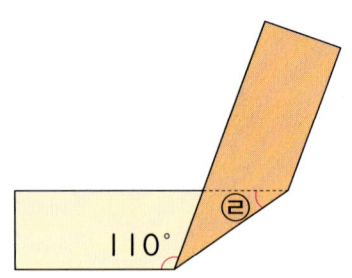

❶ 접기 전의 모양에서 표시된 부분과 크기가 같은 각을 찾아 표시하시오.

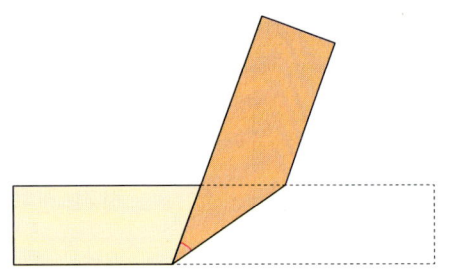

접기 전 부분과 접힌 부분은 똑같은 모양이지.

❷ 설명을 보고 ㉠, ㉡, ㉢, ㉣ 순서대로 ☐ 안에 알맞은 수를 써넣으시오.

- ㉠과 ㉡은 크기가 같고, 직선을 이루는 각의 크기의 합이 180°이므로

  ㉠=㉡, ㉠+㉡+110°=180°, ㉠=㉡= ☐ °

- 사각형의 네 각의 크기의 합은 360°이므로

  ㉡+㉢+90°+90°=360°, ㉢= ☐ °

- 직선을 이루는 각의 크기의 합이 180°이므로 ㉢+㉣=180°, ㉣= ☐ °

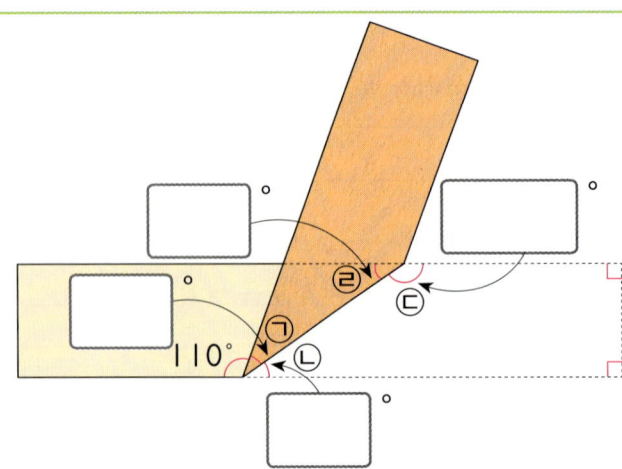

[종이띠 각도 구하기]

1 직사각형 모양의 종이띠를 다음과 같이 접었습니다. ☐ 안에 알맞은 수를 써넣으시오.

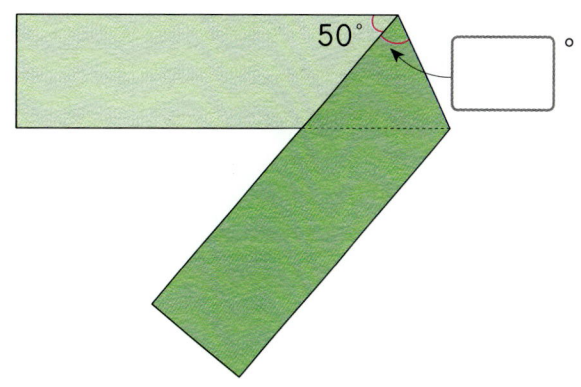

[직사각형 각도 구하기]

2 직사각형 모양의 종이를 대각선을 따라 접었습니다. ☐ 안에 알맞은 수를 써넣으시오.

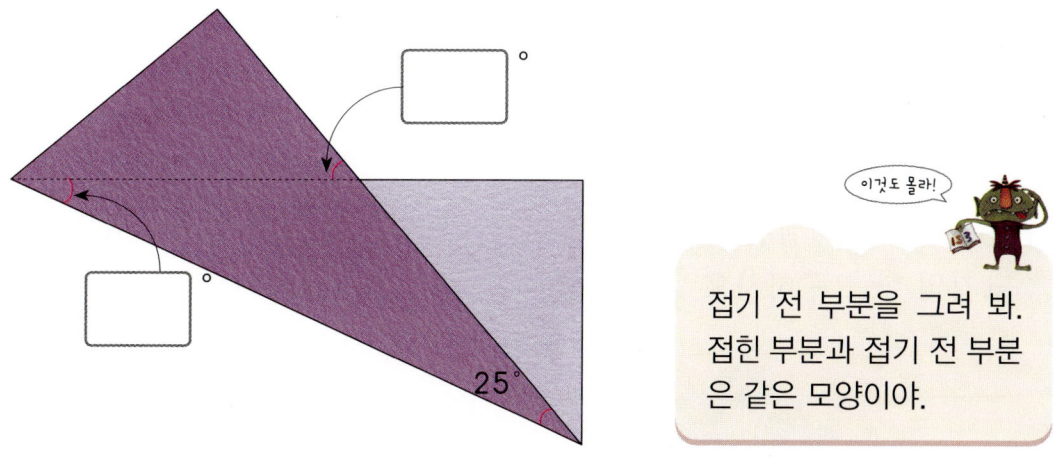

이것도 몰라!

접기 전 부분을 그려 봐. 접힌 부분과 접기 전 부분은 같은 모양이야.

 # 종이 접기와 각의 크기의 합

다음은 직사각형 모양의 종이를 두 번 접은 것입니다. ㉠과 ㉡의 크기의 합을 알아봅시다.

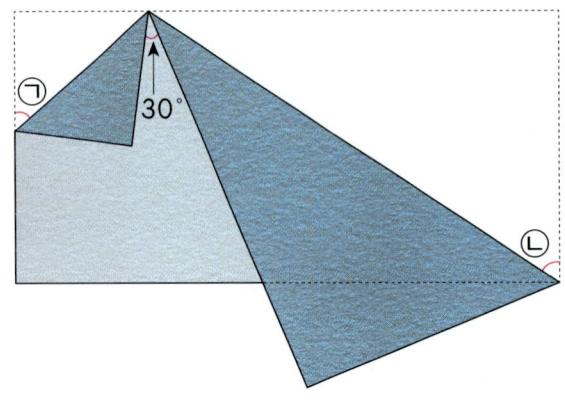

❶ 접기 전 부분에서 ●와 ▲로 표시된 부분과 크기가 같은 각을 찾아 같은 모양으로 표시하고 ●와 ▲의 합을 구하시오.

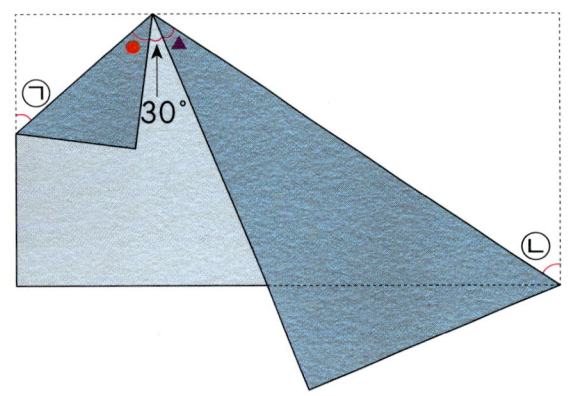

이것도 몰라!

접힌 부분과 접기 전 부분은 같은 모양이야.

❷ 분홍색으로 색칠된 두 삼각형의 세 각의 크기의 합은 각각 180°입니다. ㉠과 ㉡의 크기의 합을 구하시오.

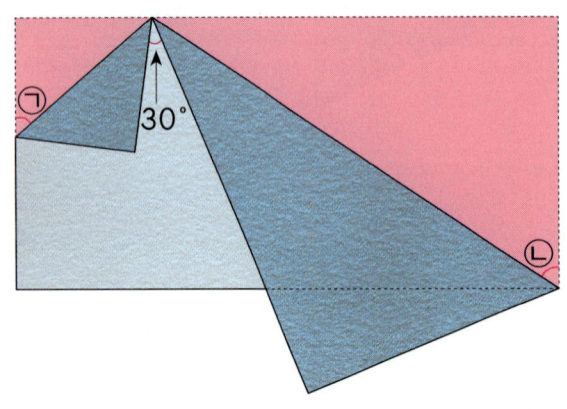

이것도 몰라!

색칠된 두 삼각형의 각의 크기를 모두 더해 봐.

[삼각형 접은 모양]

1 다음은 삼각형 모양의 종이를 두 번 접은 것입니다. ☐ 안에 알맞은 수를 써넣으시오.

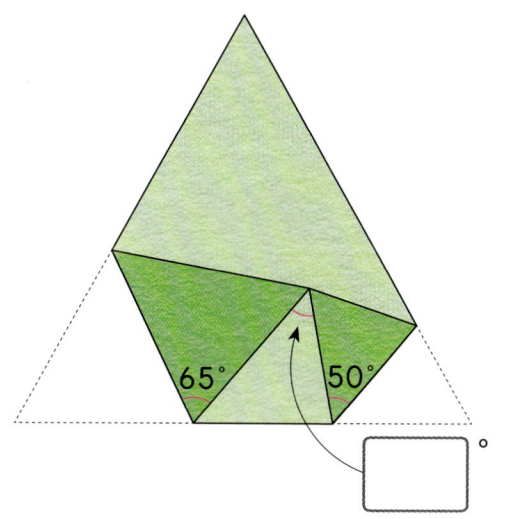

65° 50°

☐ °

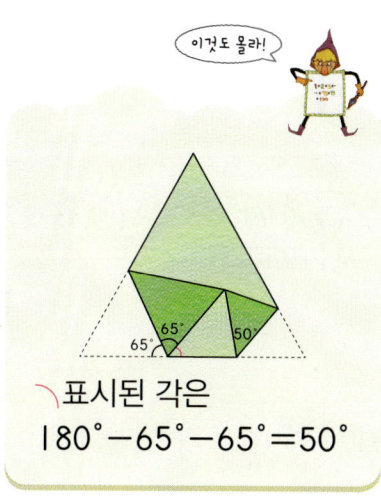

이것도 몰라!

65° 65° 50°

⌒ 표시된 각은
180°−65°−65°=50°

[직사각형 접은 모양]

2 직사각형 모양의 종이를 겹치지 않게 두 번 접었습니다. ☐ 안에 알맞은 수를 써넣으시오.

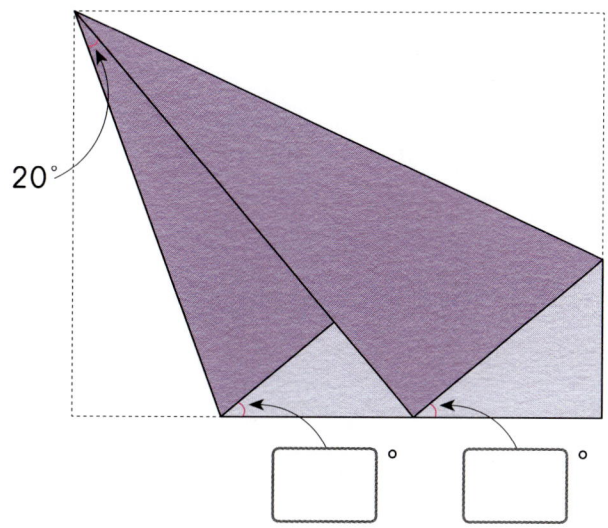

20°

☐ °   ☐ °

시계와 각

대마왕이 교실에 들어와 보니 교실이 많이 어지럽혀 있고 시계가 바닥에 떨어져 멈춰 있습니다.

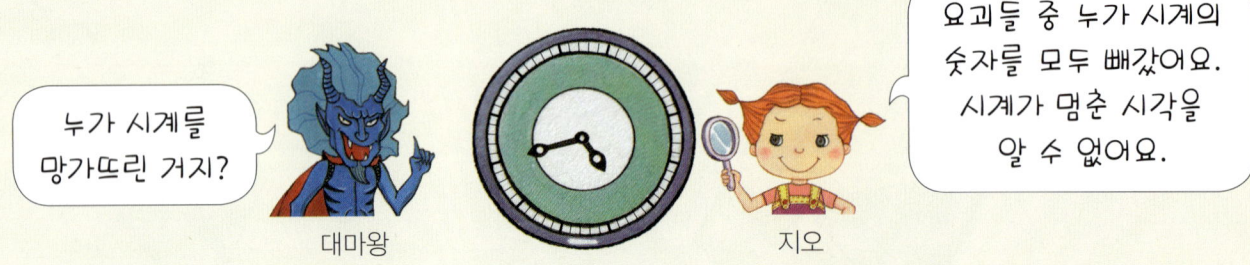

대마왕이 요괴 셋을 불러 언제 교실에 들어왔는지를 물었습니다.

대마왕이 떨어진 시계의 긴바늘과 짧은바늘이 이루는 각의 크기를 재었습니다.

요괴 셋이 말한 시각을 시계에 그리고, 각도를 재어서 시계를 망가뜨린 범인을 찾으시오.

표의 빈칸에 시계의 긴바늘과 짧은바늘이 이루는 작은 각의 크기를 쓰시오.

1시	2시	3시	4시	5시	6시	7시	8시	9시	10시	11시
30°	60°					150°				

시계의 숫자 눈금 한 칸은 360°을 12등분 한 것이야.

숫자 눈금 한 칸의 각의 크기는 360°÷12＝30°

몇 시 30분일 때 시계의 긴바늘과 짧은바늘이 이루는 작은 각의 크기를 구하시오.

1시 30분	2시 30분	3시 30분	4시 30분	5시 30분
135°	105°	°	°	°

짧은바늘은 12시간 동안 360° 움직이므로 1시간에 360°÷12＝30°씩 움직입니다.
짧은바늘은 1시간 동안 30° 움직이므로 10분에 30°÷6＝5°씩 움직입니다.
긴바늘은 60분 동안 360° 움직이므로 1분에 360°÷60＝6°씩 움직입니다.

시계의 짧은바늘과 긴바늘이 이루는 작은 각의 크기는 다음과 같이 구합니다.
① 두 바늘이 모두 숫자 눈금을 가리킬 때는 숫자 눈금의 칸 수를 세어 구합니다. 숫자 눈금 한 칸은 30° 입니다.
② 긴바늘이 숫자 눈금을 가리키고, 짧은바늘이 숫자 눈금 사이에 있을 때에는 짧은바늘이 10분에 5° 씩 움직이는 것을 이용하여 짧은바늘과 가장 가까운 숫자 눈금 사이의 각을 먼저 구합니다.

시곗바늘이 움직인 각도

태경이가 운동을 시작한 시각과 끝낸 시각이 다음과 같습니다. 운동을 하는 동안 시계의 짧은
바늘과 긴바늘이 움직인 각도를 각각 구해 봅시다.

운동 시작

운동 끝

2시부터 3시까지
1시간 동안 짧은바늘은
30° 움직여.

30°

뛰어 요괴

딴짓 요괴

2시부터 3시까지
1시간 동안 긴바늘은
한 바퀴 움직여.
360°를 움직이는 거지.

360°

❶ 시계의 짧은바늘은 한 시간에 30°, 긴바늘은 한 시간에 360° 움직입니다. 시계의
짧은바늘과 긴바늘은 10분 동안 각각 몇 도씩 움직였습니까?

❷ 태경이가 운동한 시간은 몇 분입니까?

❸ 태경이가 운동한 시간 동안 시계의 짧은바늘과 긴바늘은 각각 몇 도 움직였습니까?

[긴바늘이 움직인 각도]

1 현재 시각이 9시 30분입니다. 긴바늘이 270° 움직인 후의 시각은 몇 시 몇 분입니까?

긴바늘은 60분 동안 360° 움직여. 그러니까 1분 동안 6°를 움직이는 거야.

[짧은바늘이 움직인 각도]

2 초이는 오후 2시 20분에 숙제를 시작해서 오후 4시 10분에 숙제를 마쳤습니다. 초이가 숙제를 하는 동안 짧은바늘이 움직인 각도는 몇 도입니까?

짧은바늘은 60분 동안 30° 움직여. 그러니까 10분 동안 5°를 움직여.

 # 시곗바늘이 이루는 각도

시계가 3시 40분을 가리킬 때 시계의 두 바늘이 이루는 작은 각의 크기를 알아봅시다.

긴바늘은 숫자 눈금 8을 정확히 가리키고 있는데 짧은바늘은 3과 4 사이에 있어.

초이

짧은바늘이 숫자 눈금 3에서 몇 도만큼 움직였는지 알아야 해.

지오

❶ 3시부터 3시 40분까지 짧은바늘이 움직인 각도를 구하여 ㉠에 써넣으시오.

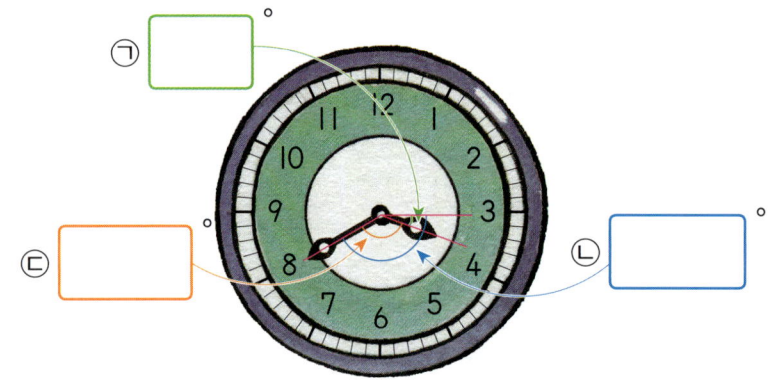

❷ 시계의 숫자 눈금 한 칸은 30°입니다. ❶에서 숫자 눈금 3부터 8까지의 각도를 구하여 ㉡에 써넣으시오.

❸ 3시 40분을 가리킬 때 시계의 두 바늘이 이루는 작은 각의 크기를 ❶의 ㉢에 써넣으시오.

[시곗바늘 사이의 각도]

1 두 시곗바늘이 이루는 각의 크기를 구하시오.

[바늘 없는 시계]

2 꼬마 요괴들의 대화를 보고, 두 시곗바늘이 이루는 작은 각의 크기를 구하시오.

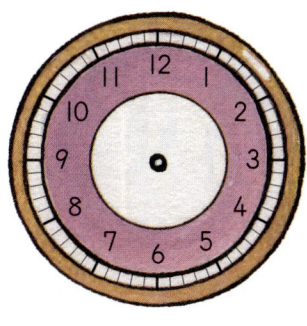

시계의 긴바늘이 숫자 8을 가리키고 있어.

짧은바늘은 숫자 11과 12 사이를 가리키고 있어.

창의적 문제해결력

1 다음 도형에 표시된 각의 크기의 합을 구하시오.

표시된 각의 크기의
합은 180°×4=720°

2 다음 도형에서 같은 모양은 같은 크기의 각을 나타냅니다. ☐ 안에 알맞은 수를 써넣으시오.

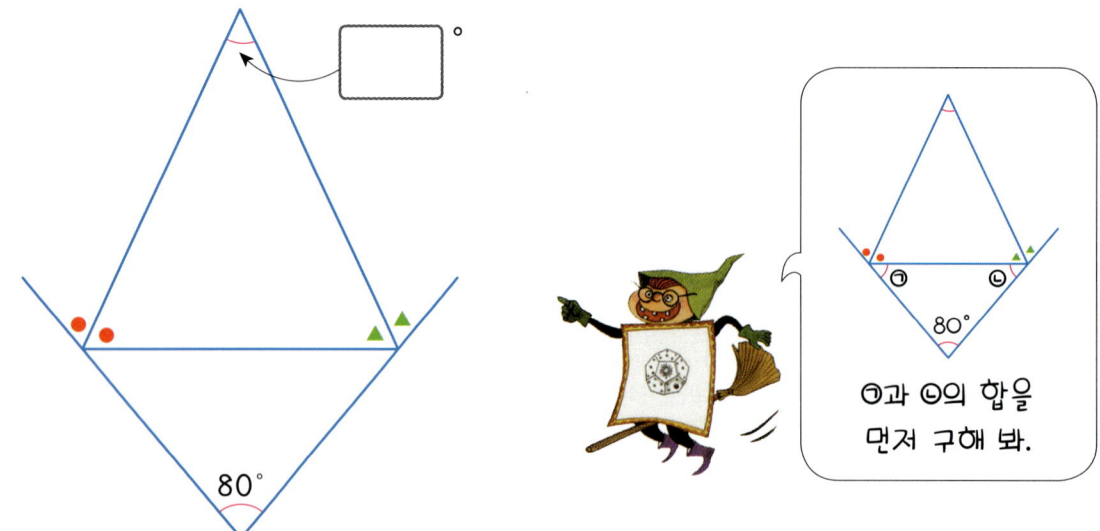

☐°

㉠과 ㉡의 합을
먼저 구해 봐.

3 삼각형 모양의 종이를 다음과 같이 접었습니다. ☐ 안에 알맞은 수를 써넣으시오.

접기 전 부분을 그려서 생각해.

4 시계의 시각에 맞게 짧은바늘과 긴바늘을 그리고, 두 시곗바늘이 이루는 작은 각의 크기를 구하시오.

❶

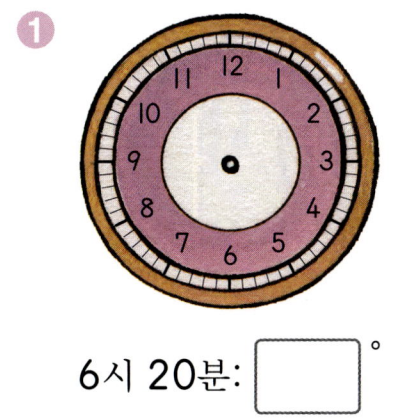

6시 20분: ☐°

❷

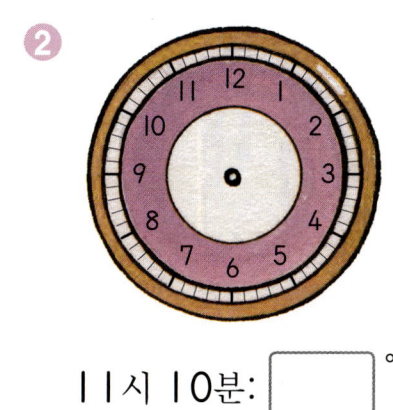

11시 10분: ☐°

Chapter 4

도형과 둘레

겹치고 자른 도형의 둘레

초이는 방의 가장자리를 따라 색종이 띠를 붙여 방을 장식하려고 합니다.

초이는 줄자를 찾아보았지만 방 안에 없었습니다.

길이를 재어야 할 세 곳을 찾아 선을 따라 진하게 표시하여 보시오.

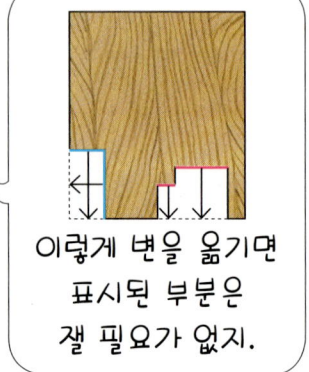

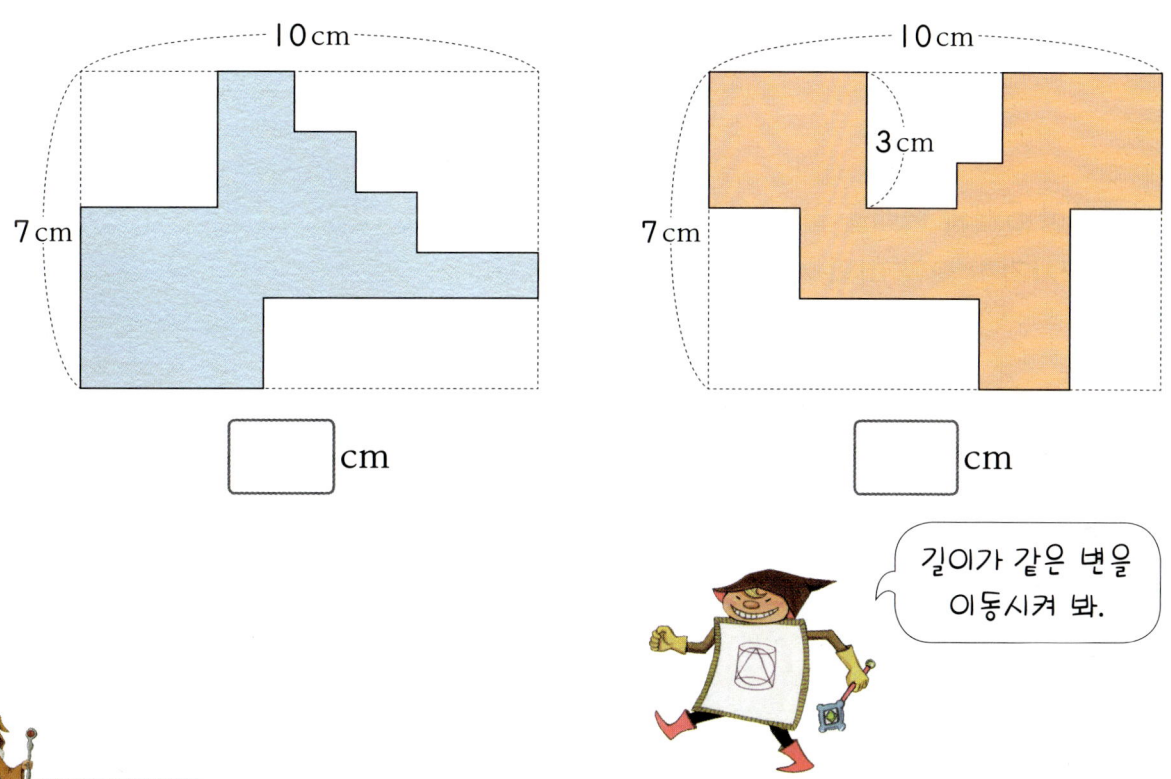

다음은 가로가 10 cm, 세로가 7 cm인 직사각형 모양의 종이를 잘라서 만든 도형입니다. 도형의 둘레를 구하시오.

cm

cm

길이가 같은 변을
이동시켜 봐.

노크 포인트

직각으로 꺾인 도형의 둘레는 길이가 같은 변을 이동시켜 직사각형으로 만들어 구합니다.

직각으로 움푹 들어간 도형의 둘레는 길이가 같은 변을 이동시켜 직사각형으로 만든 후 남은 부분의 길이를 더해서 구합니다.

직사각형을 세로로 잘라 만든 직사각형의 둘레의 합은 한 번 자를 때마다 세로의 2배만큼 늘어납니다.

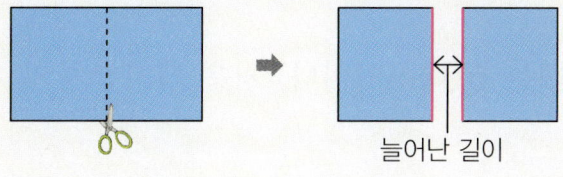

늘어난 길이

자른 도형의 둘레

둘레가 60 cm인 직사각형 모양 띠를 세로로 잘라 직사각형 모양 5개를 만들었습니다.

직사각형 5개의 둘레를 알아보니 각각 18 cm, 22 cm, 20 cm, 26 cm, 14 cm입니다.
처음 직사각형 모양 띠의 가로와 세로를 알아봅시다.

직사각형을 한 번 자를 때
마다 둘레의 합은 세로의
2배만큼 늘어나는군.

두 번 자르면 세로의
4배만큼 늘어나.

❶ 만든 직사각형 5개의 둘레의 합은 처음 직사각형의 둘레보다 몇 cm 더 늘어났습니까?

❷ 작은 직사각형 5개를 만들려면 세로로 4번 잘라야 합니다. ❶에서 구한 길이는 세로의 몇 배입니까?

❸ 처음 직사각형의 둘레는 60 cm입니다. 처음 직사각형의 가로와 세로를 각각 구하시오.

[정사각형을 자른 도형의 둘레]

1 둘레가 48 cm인 정사각형 모양의 색종이를 크기와 모양이 같은 4개의 직사각형 모양으로 잘랐습니다. 나누어진 직사각형 4개의 둘레의 합은 처음 정사각형의 둘레보다 몇 cm 더 늘어났습니까?

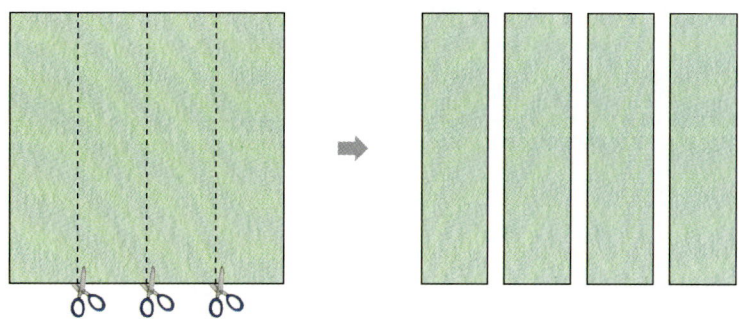

[직사각형 모양의 띠 자르기]

2 둘레가 50 cm인 직사각형 모양의 띠를 세로로 잘라 직사각형 모양 6도막으로 나누었습니다. 각 모양의 둘레가 각각 18 cm, 16 cm, 14 cm, 20 cm, 10 cm, 12 cm 라고 할 때 처음 직사각형 모양 띠의 가로와 세로를 각각 구하시오.

5번 자르면 세로의 10배만큼 늘어나는군.

겹쳐 만든 띠의 둘레

가로가 10cm인 직사각형 모양 띠와 가로가 15cm인 직사각형 모양 띠를 다음과 같이 정사각형 모양으로 겹치도록 이어 붙였습니다. 이어 붙인 띠의 둘레를 알아봅시다.

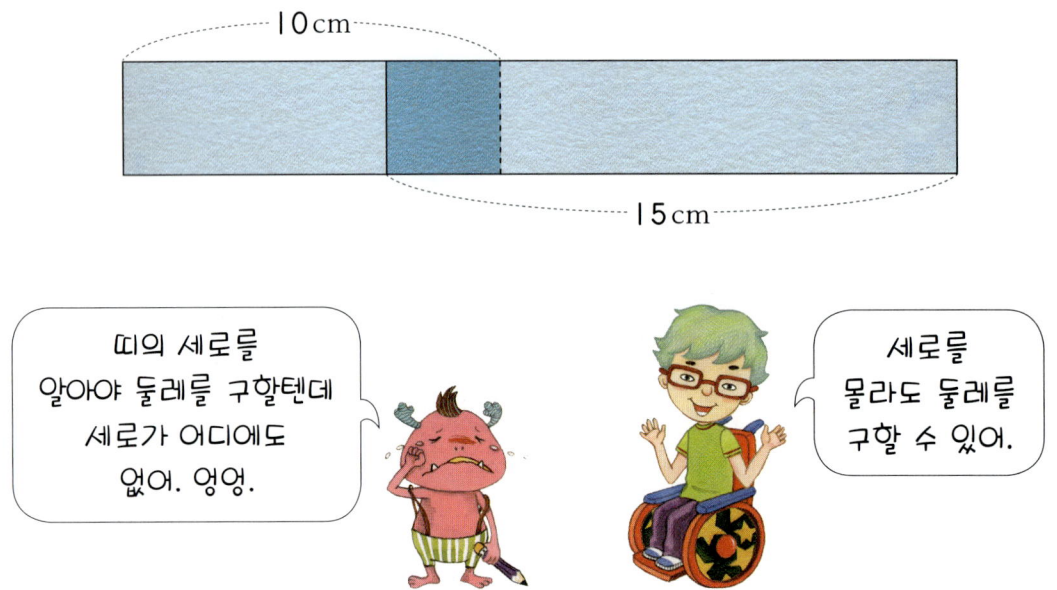

❶ 겹쳐진 정사각형 부분의 가로를 ☐라 할 때, 이어 붙인 띠의 가로를 ☐를 사용한 식으로 나타내시오.

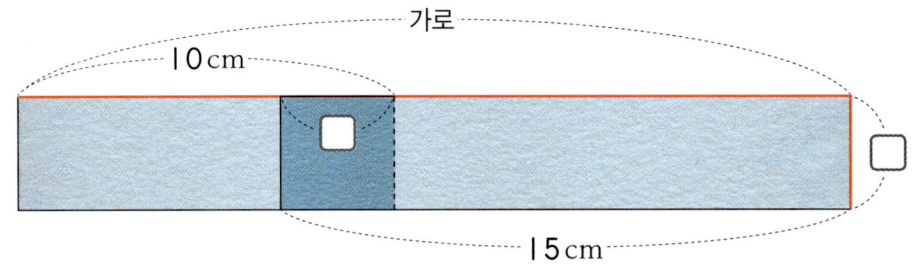

❷ 띠의 세로는 겹쳐진 정사각형 부분의 가로와 같습니다. ❶에서 빨간색으로 표시한 띠의 가로와 세로의 합은 몇 cm입니까?

❸ 이어 붙인 띠의 둘레는 몇 cm입니까?

1 다음은 직사각형 모양의 색종이를 잘라 정사각형을 만든 것입니다.

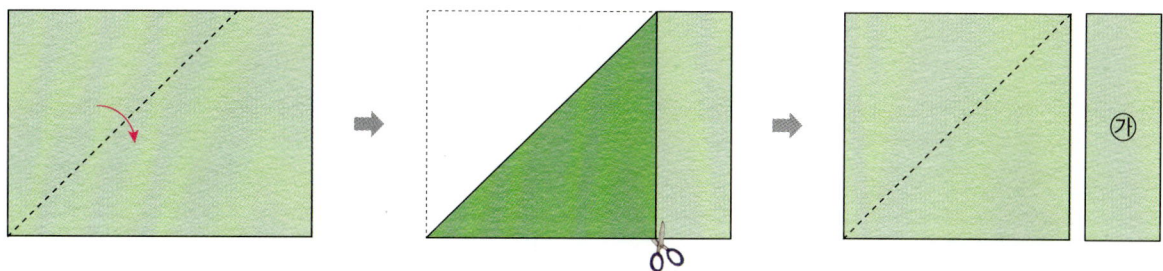

정사각형의 둘레는 48 cm이고, 이 정사각형의 둘레는 처음 직사각형의 둘레보다
8 cm 작다고 할 때 ㉮ 직사각형의 둘레를 구하시오.

[겹쳐진 띠]

2 세로가 5 cm인 띠 2개를 정사각형 모양으로 겹치도록 이어 붙였더니 붙인 띠의 가로
가 20 cm가 되었습니다. 붙이기 전 두 띠의 둘레의 합을 구하시오.

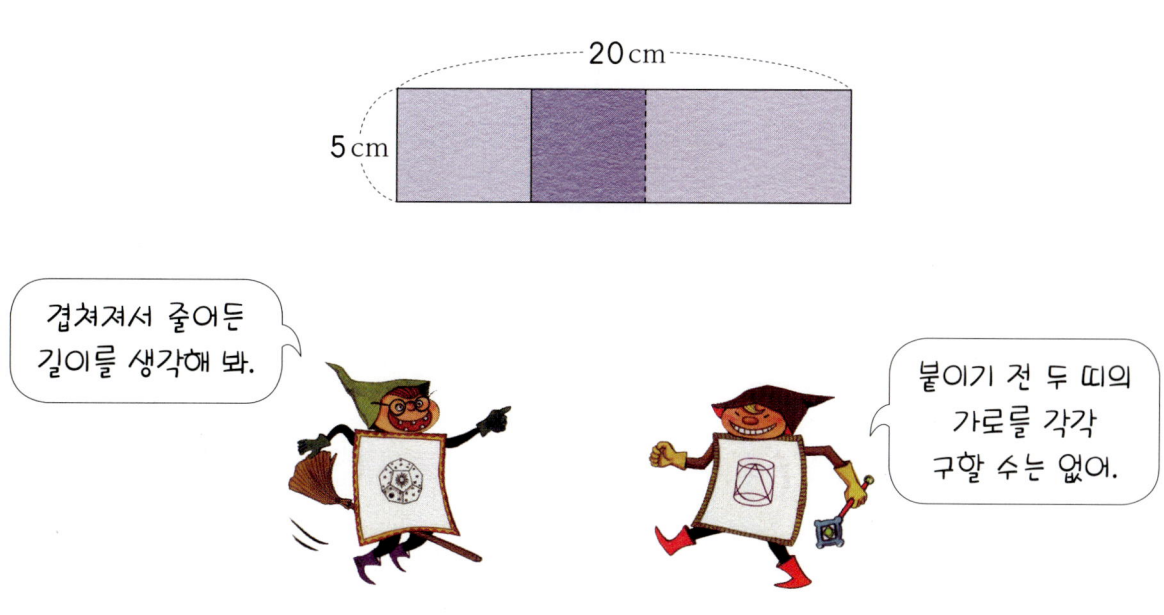

붙여 만든 도형의 둘레

요괴들이 똑같은 정사각형 모양 색종이 8장을 붙여 여러 가지 모양을 만듭니다.

둘레를 가장 짧게 만드는 부하에게 상을 내리겠다.

대마왕

2 cm
2 cm

둘레: 28 cm

부하 요괴들이 만든 모양입니다.

산만해 요괴

한입 요괴

거꾸로 요괴

둘레: ☐ cm

둘레: ☐ cm

둘레: ☐ cm

장난 요괴

울보 요괴

뛰어 요괴

둘레: ☐ cm

둘레: ☐ cm

둘레: ☐ cm

색종이가 붙은 모양을 점선으로 나타내고, 각 모양의 둘레를 구하시오. 둘레가 가장 짧은 것은 누구의 모양입니까?

다음은 주어진 직사각형 모양 5개를 겹치지 않게 이어 붙인 것입니다. 모양의 둘레를 구하시오.

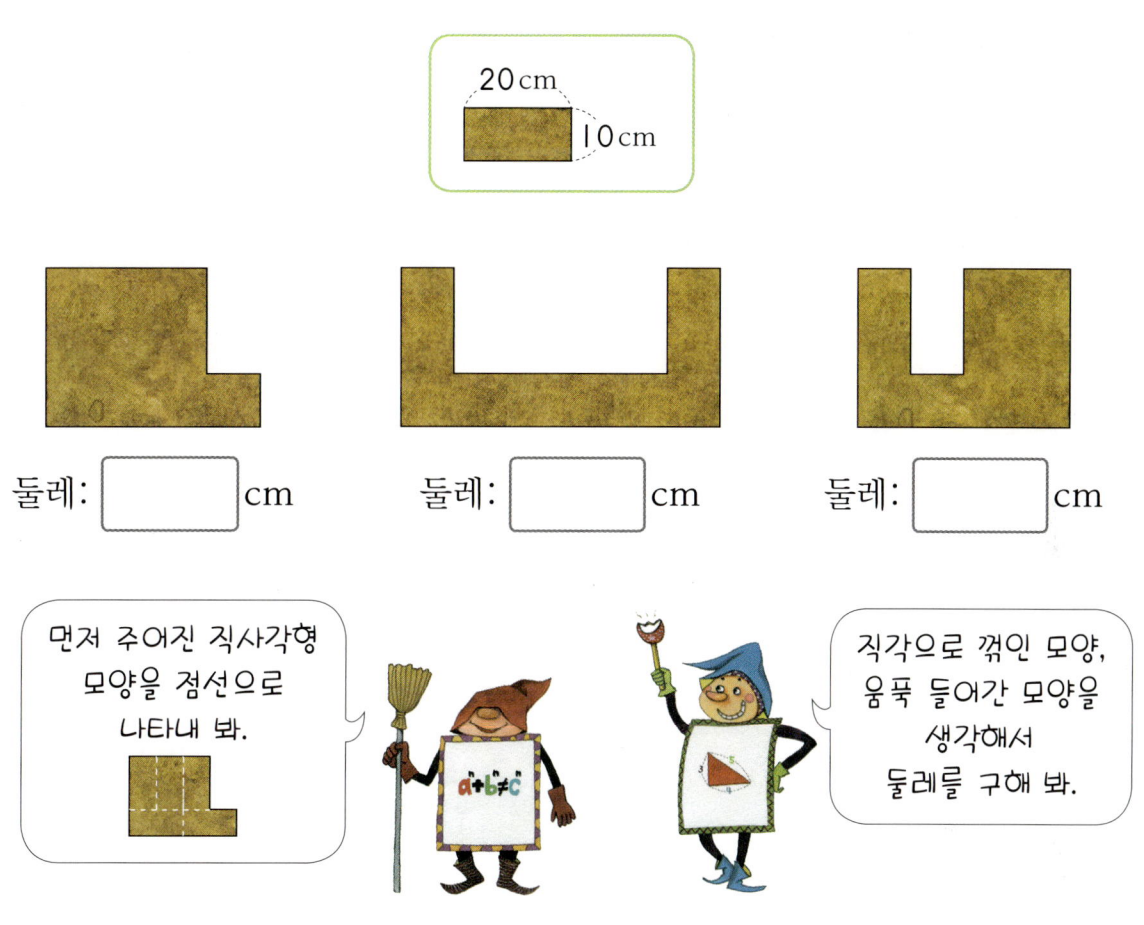

둘레: ☐ cm   둘레: ☐ cm   둘레: ☐ cm

먼저 주어진 직사각형 모양을 점선으로 나타내 봐.

직각으로 꺾인 모양, 움푹 들어간 모양을 생각해서 둘레를 구해 봐.

노크 포인트

크고 작은 정사각형을 붙여 만든 도형에서 둘레를 구할 때에는 가장 작은 정사각형으로 나누어 봅니다.

똑같은 크기와 모양의 작은 직사각형을 붙여 큰 직사각형을 만들 때에는 작은 직사각형의 가로와 세로의 관계를 알아봅니다.

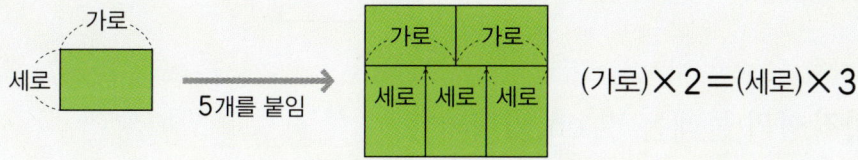

(가로)×2=(세로)×3

정사각형을 붙인 도형의 둘레

다음은 여러 가지 정사각형을 겹치지 않게 이어 붙인 것입니다. 가장 큰 정사각형의 둘레가 48 cm라고 할 때, 색칠한 정사각형의 둘레를 구해 봅시다.

❶ 다음 ☐ 안에 알맞은 수를 써넣으시오.

정사각형은
네 변의 길이가
모두 같아.

㉠의 둘레는
48 cm야.

㉡과 ㉢은 서로
크기가 같은
정사각형이야.

㉣을 ㉤과 같은
크기로
나누어 봐.

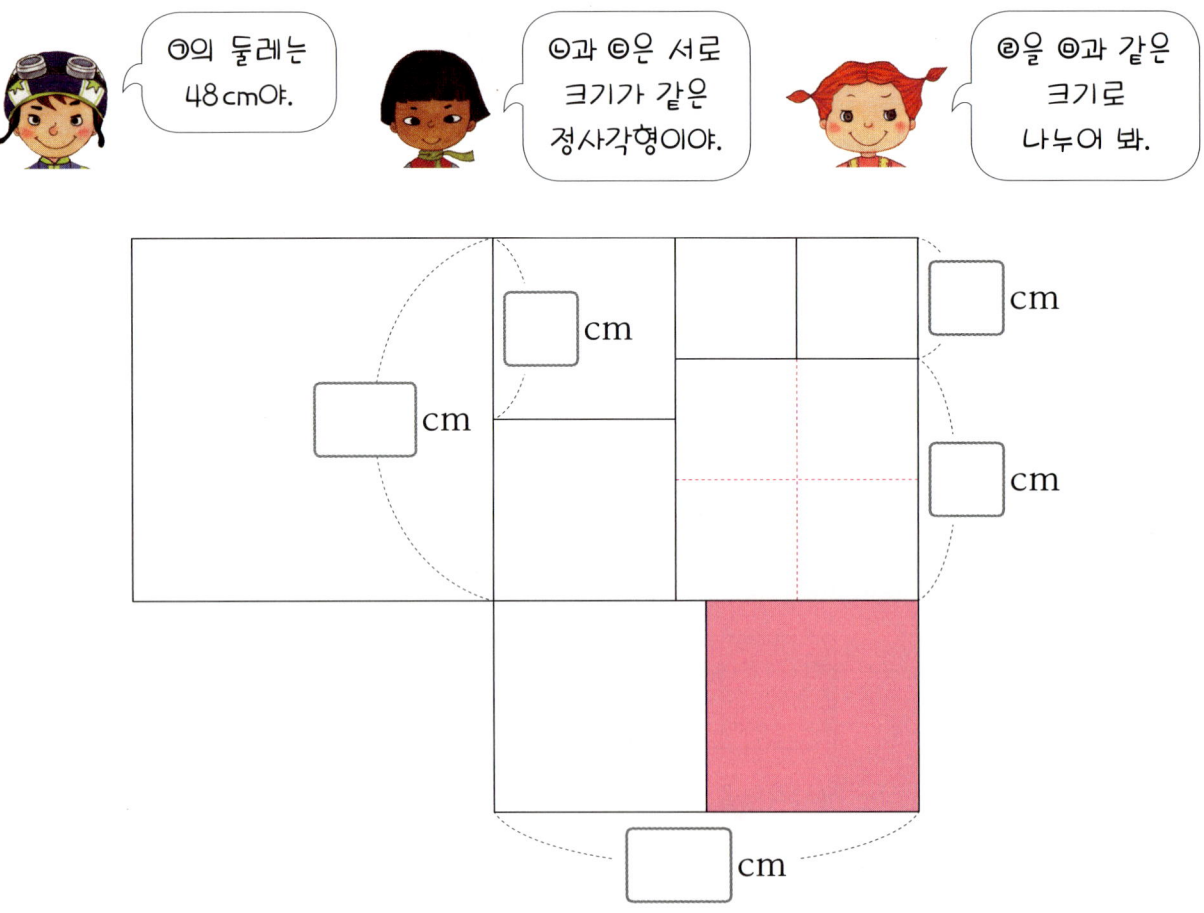

❷ 색칠한 정사각형의 둘레는 몇 cm입니까?

1 다음은 크기가 다른 정사각형 7개를 겹치지 않게 이어 붙여 만든 모양입니다. 가장 큰 정사각형의 둘레가 64cm라고 할 때, 색칠한 정사각형의 둘레는 몇 cm입니까?

이것도 몰라!

이렇게 나누어 봐.

[정삼각형을 붙인 도형의 둘레]

2 다음은 여러 가지 정삼각형을 겹치지 않게 이어 붙인 것입니다. 가장 큰 정삼각형의 둘레가 33cm, 가장 작은 정삼각형의 둘레가 9cm라고 할 때 도형 전체의 둘레는 몇 cm입니까?

이것도 몰라!

정삼각형의 세 변의 길이는 모두 같아.

직사각형 바닥의 둘레

둘레가 16 cm인 직사각형 모양의 타일 8개를 겹치지 않게 이어 붙여 직사각형 모양의 바닥을 깔았습니다. 타일을 깐 바닥의 둘레를 구해 봅시다. (단, 타일의 가로, 세로는 자연수입니다.)

둘레: 16 cm

❶ 타일의 가로와 세로를 이용하여 ☐ 안에 알맞은 수를 써넣으시오.

조건 1   (가로)＋(세로)＝☐ cm

조건 2   (가로)×3＝(세로)×☐

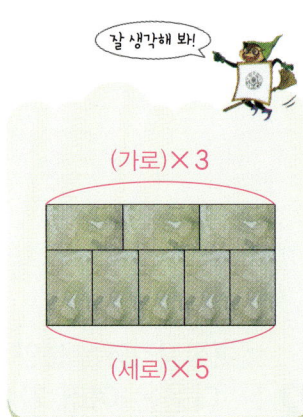

(가로)×3

(세로)×5

❷ 다음은 가로가 세로보다 길 때 ❶의 조건 1 에 맞는 가로, 세로입니다.

가로(cm)	7	6	5
세로(cm)	1	2	3
길이의 합(cm)	8	8	8

이 중 ❶의 조건 2 에 맞는 가로, 세로는 각각 몇 cm입니까?

❸ ❷에서 구한 타일의 가로, 세로를 이용하여 바닥의 둘레를 구하시오.

[직사각형을 붙인 도형의 둘레]

1 둘레가 14 cm인 작은 직사각형 7개를 겹치지 않게 이어 붙여 하나의 큰 직사각형을 만들었습니다. 만들어진 큰 직사각형의 둘레는 몇 cm입니까? (단, 직사각형의 가로, 세로는 자연수입니다.)

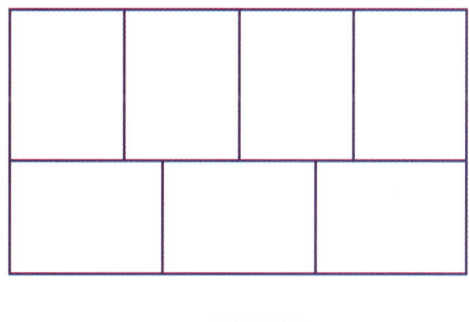

둘레: ☐ cm

잘 생각해 봐!

가로의 4배는 세로의 3배와 같아.

[직사각형으로 나눈 도형의 둘레]

2 둘레가 44 cm인 직사각형 모양을 크기와 모양이 같은 작은 직사각형 12개로 나누었습니다. 작은 직사각형의 둘레는 몇 cm입니까?

전체 직사각형의 둘레: 44 cm

작은 직사각형의 둘레: ☐ cm

(세로)×5=(가로)×2를 이용해서 전체 직사각형의 둘레는 세로의 몇 배인지 알아봐.

원과 둘레

태경, 초이, 지오가 원에 대해 조사한 내용을 발표합니다.

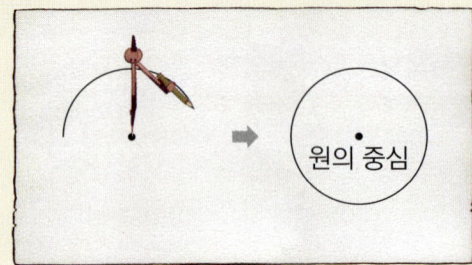

컴퍼스의 한 끝점을 고정시키고, 다른 끝점을 한 바퀴 돌리면 원이 돼.

컴퍼스로 찍은 점을 원의 중심이라고 해.

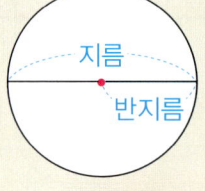

원의 중심과 원 위의 한 점을 이은 선분을 반지름이라고 해. 한 원에서 반지름은 무수히 많고 그 길이는 항상 같아.

원의 중심을 지나도록 원 위의 두 점을 이은 선분을 지름이라고 해. 한 원에서 지름은 반지름의 2배야.

큰 원의 반지름이 작은 원의 지름과 같고, 점 ㄱ, ㄴ이 원의 중심이라고 할 때, 선분 ㄱㄴ의 길이를 구하시오. (단, 큰 원의 지름은 12cm입니다.)

큰 원의 지름이 12cm이면 큰 원의 반지름은 6cm, 작은 원의 반지름은 3cm야.

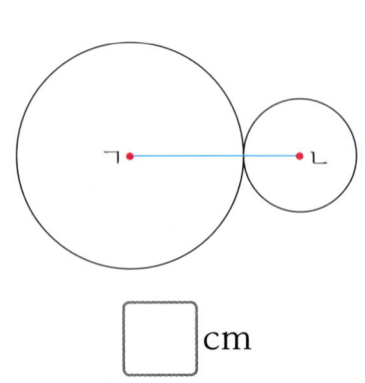

☐ cm

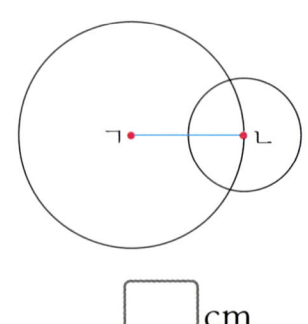

☐ cm

8 원의 반지름이 1cm일 때 원을 둘러싼 도형의 둘레를 구하시오.

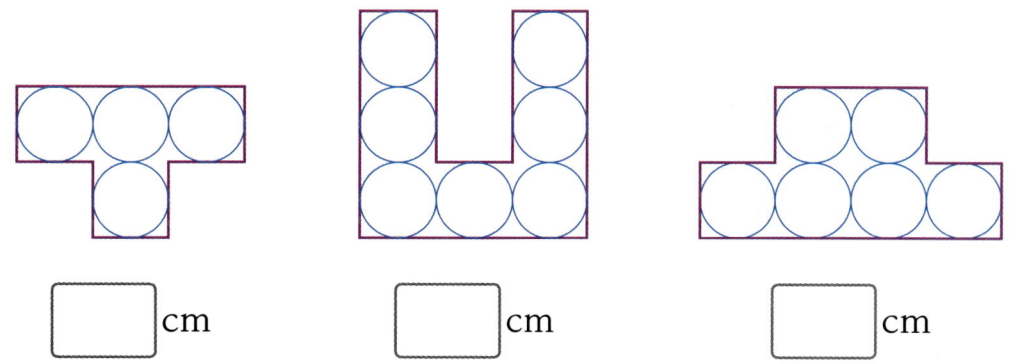

[   ] cm   [   ] cm   [   ] cm

8 반지름이 1cm인 원의 중심을 이어 만든 도형입니다. 만든 도형의 둘레를 구하시오.

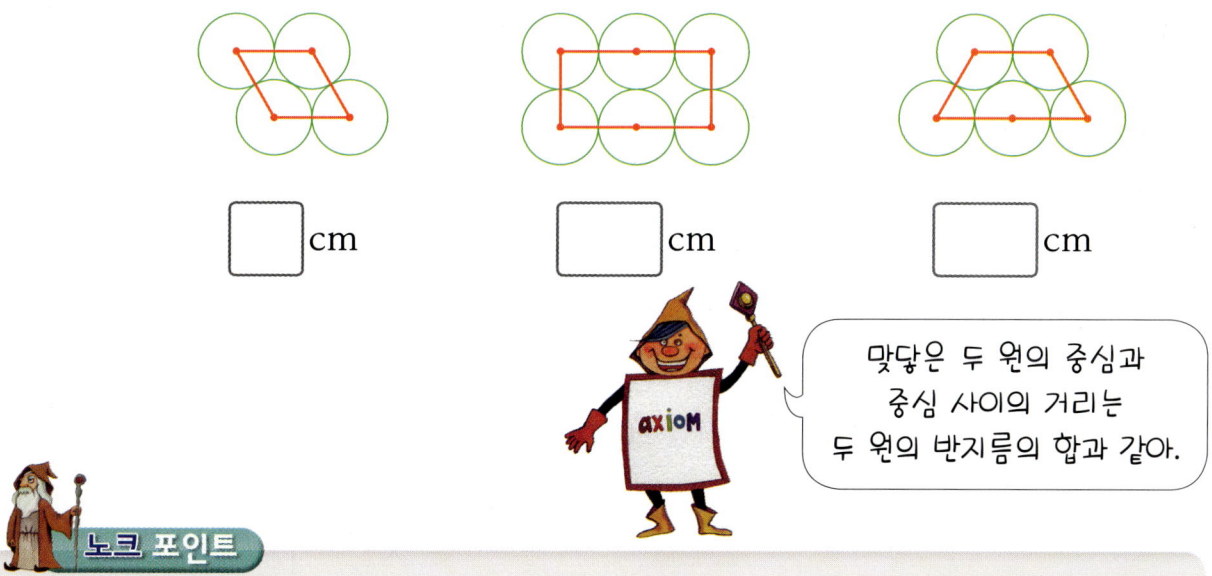

[   ] cm   [   ] cm   [   ] cm

> 맞닿은 두 원의 중심과
> 중심 사이의 거리는
> 두 원의 반지름의 합과 같아.

노크 포인트

한 점에서 거리가 같은 점을 연결하면 원이 됩니다.

이때 기준이 되는 점을 원의 중심,
원의 중심에서 원 위의 한 점까지의 거리를 반지름이라고 합니다.
한 원에서 지름은 반지름의 2배입니다.

맞닿은 두 원의 중심을 이어 만든 선분의 길이는 두 원의 반지름의 합과 같습니다.

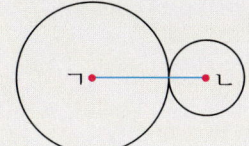

(선분 ㄱㄴ의 길이)=(왼쪽 원의 반지름)+(오른쪽 원의 반지름)

원의 중심을 이어 만든 도형

원 3개를 맞닿게 그리고 세 원의 중심을 선으로 이어 삼각형을 만들었습니다. 삼각형의 둘레가 42cm일 때 원 다의 반지름을 구해 봅시다. (단, 원 가의 반지름은 원 나의 지름과 같고, 원 나의 반지름은 원 다의 지름과 같습니다.)

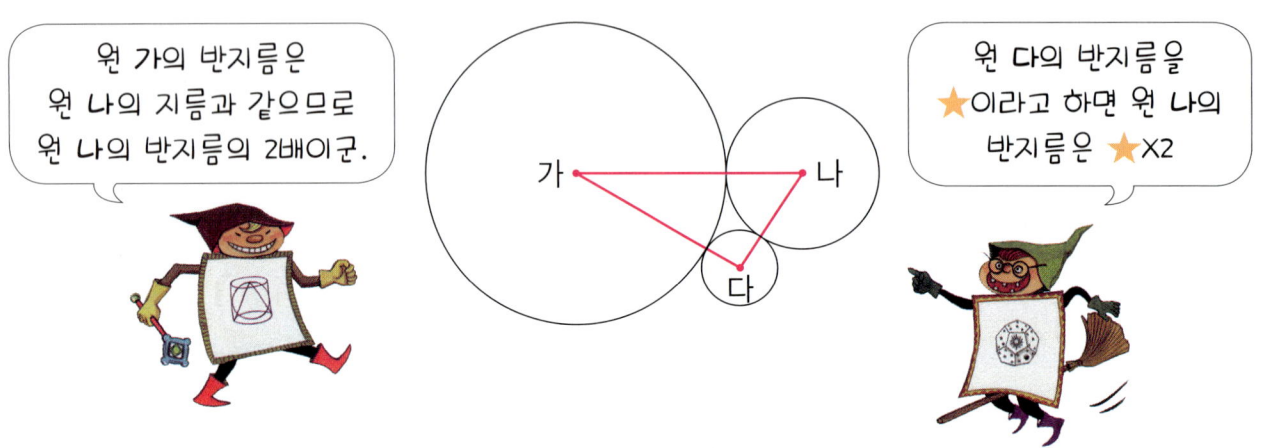

❶ 원 다의 반지름을 ★이라 할 때 원 가, 원 나의 반지름을 나타낸 것입니다. ☐ 안에 알맞은 수를 써넣으시오.

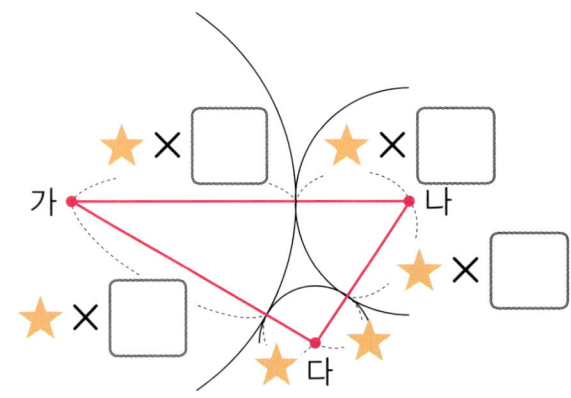

❷ 삼각형의 둘레를 나타낸 식입니다. ☐ 안에 알맞은 수를 써넣으시오.

$$(삼각형의 둘레) = ★ × \boxed{} = 42(cm)$$

❸ 원 다의 반지름은 몇 cm입니까?

1 점 ㄱ, 점 ㄴ, 점 ㄷ은 원의 중심입니다. 선분 ㄱㄷ의 길이를 구하시오.

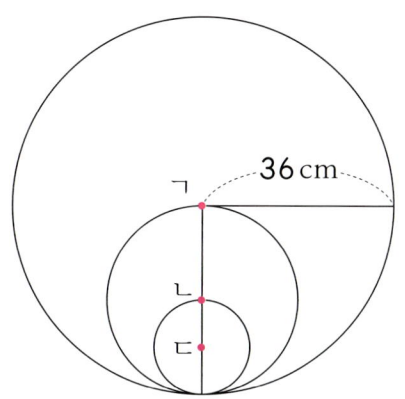

선분 ㄱㄴ의 길이는 점 ㄴ이 중심인 원의 반지름과 같아.

[반지름으로 만들어진 사각형]

2 두 원이 만나는 점과 두 원의 중심을 선으로 이어 사각형을 만들었습니다. 사각형의 둘레가 42 cm일 때 원 나의 반지름은 몇 cm입니까? (단, 원 가의 반지름은 원 나의 지름과 같습니다.)

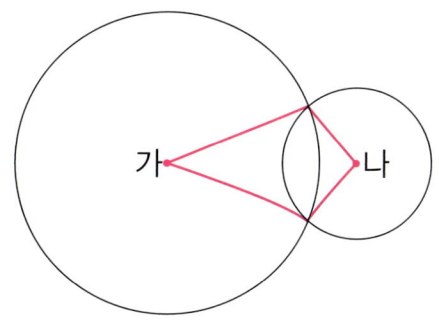

다각형과 원

직사각형의 꼭짓점을 각각 원의 중심으로 하여 다음과 같이 원의 일부를 그렸습니다. 선분 ㄹㅁ의 길이를 알아봅시다.

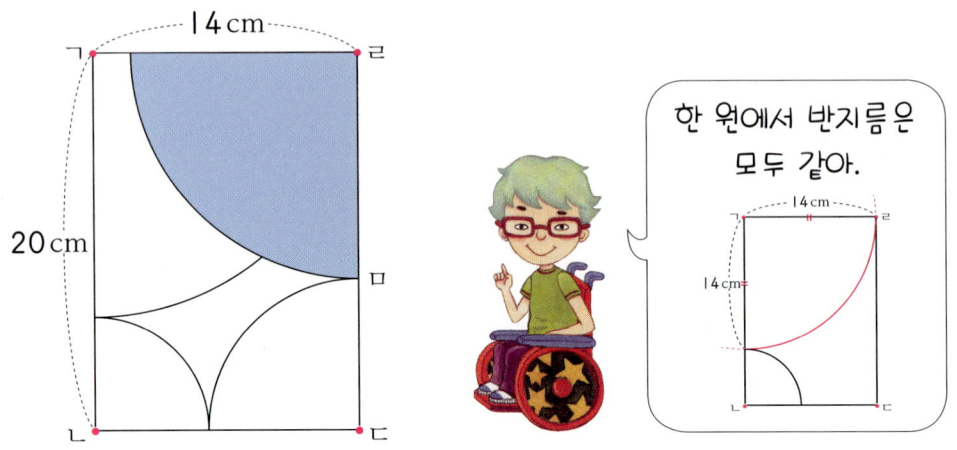

❶ 한 원에서 반지름은 모두 같습니다. 번호 순서대로 ☐ 안에 알맞은 수를 써넣으시오.

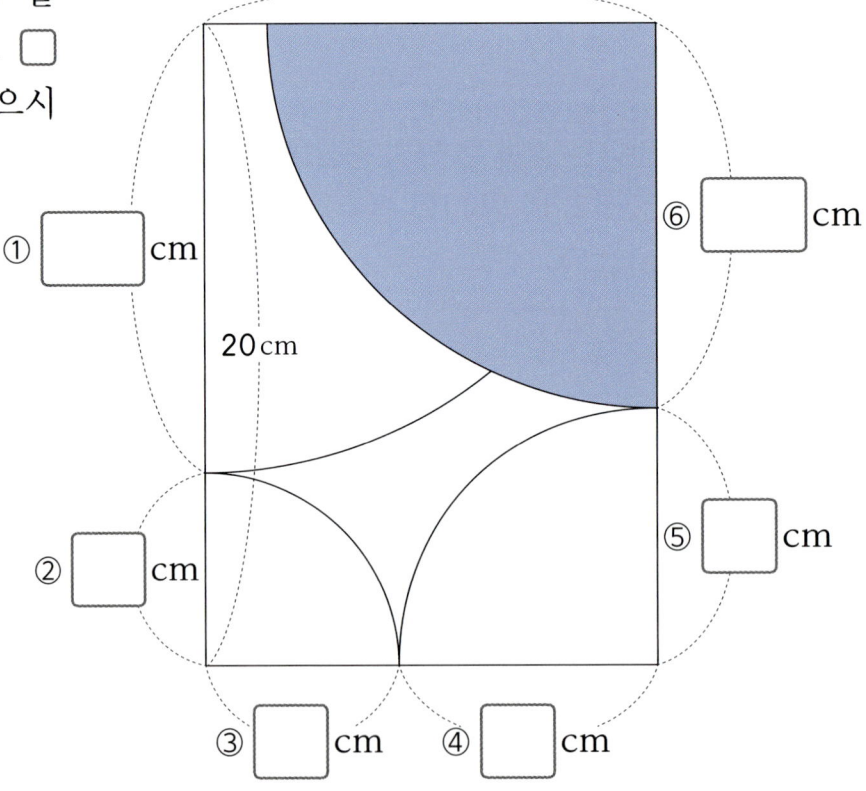

❷ 선분 ㄹㅁ의 길이는 몇 cm입니까?

[직사각형과 원]

1 직사각형의 각 꼭짓점을 중심으로 하여 다음과 같이 원의 일부를 그렸습니다. 직사각형의 둘레가 50 cm일 때 선분 ㄷㅁ의 길이는 몇 cm입니까?

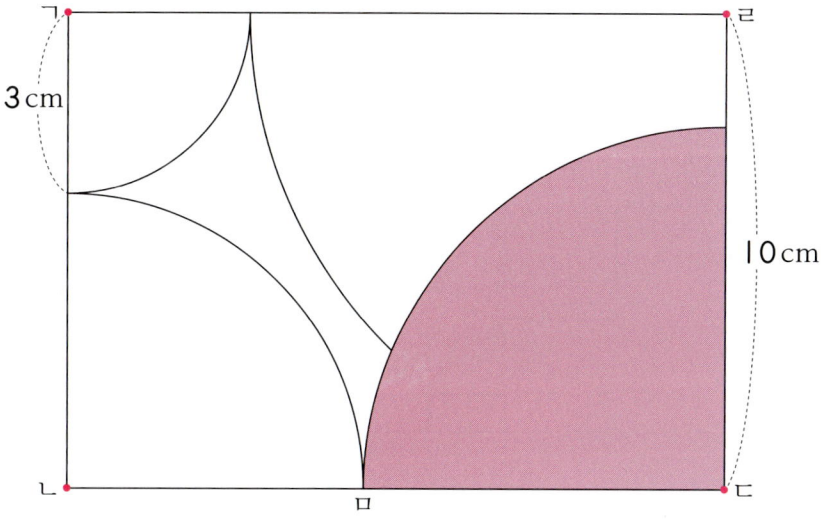

[이등변삼각형과 원]

2 이등변삼각형의 각 꼭짓점을 원의 중심으로 하여 다음과 같이 원의 일부를 그렸습니다. 이등변삼각형의 둘레가 34 cm일 때 선분 ㄴㄹ의 길이는 몇 cm입니까?

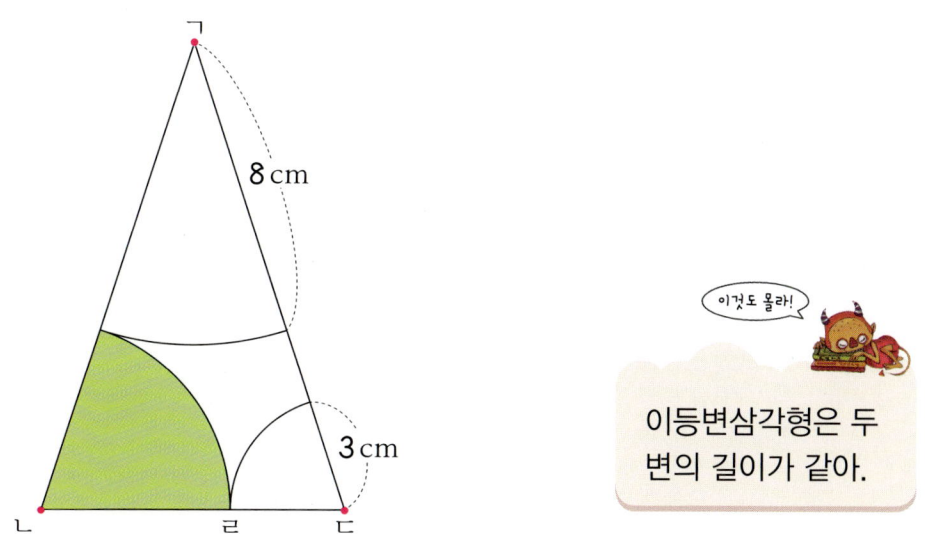

이것도 몰라!

이등변삼각형은 두 변의 길이가 같아.

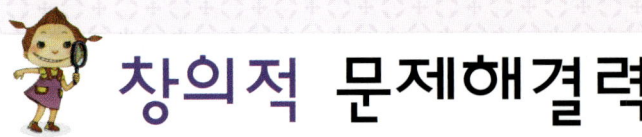

창의적 문제해결력

1 모눈 종이를 초록색 선을 따라 잘라 3개의 조각으로 나누었습니다. 만들어진 세 조각의 둘레의 합을 구하시오.

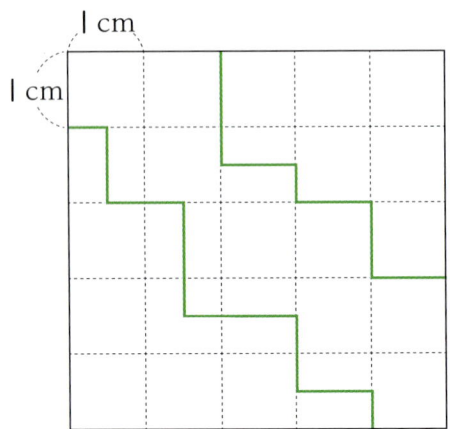

1 cm
1 cm

잘라진 부분에서 같은 길이의 변을 옮겨 직사각형 모양으로 만들어 봐.

2 한 변의 길이가 10 cm인 정삼각형에서 다음과 같이 3개의 정삼각형을 잘라내어 육각형을 만들었습니다. 육각형의 둘레는 몇 cm입니까?

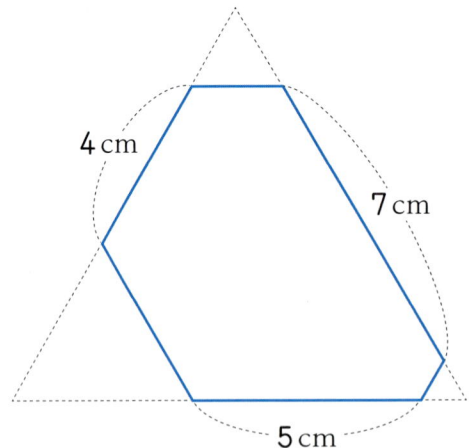

4 cm
7 cm
5 cm

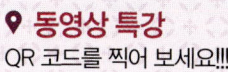
3 색칠한 도형이 모두 정사각형일 때, 색칠하지 않은 도형의 둘레는 몇 cm입니까?

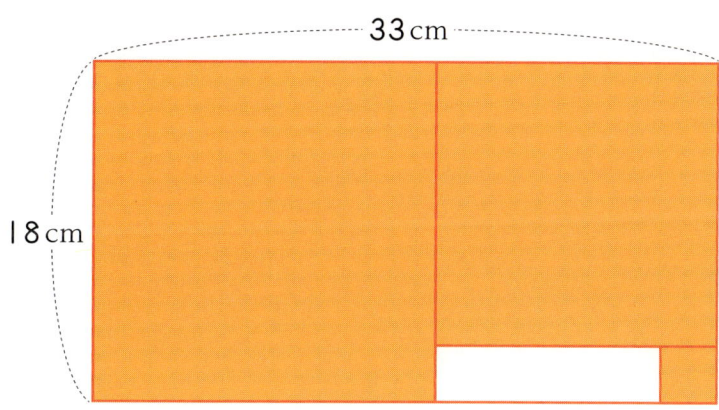

4 둘레가 34 cm인 사각형의 꼭짓점을 원의 중심으로 하여 다음과 같이 원의 일부를 그렸습니다. 이 중 3개의 작은 원의 크기가 모두 같을 때 ☐ 안에 알맞은 수를 써넣으시오.

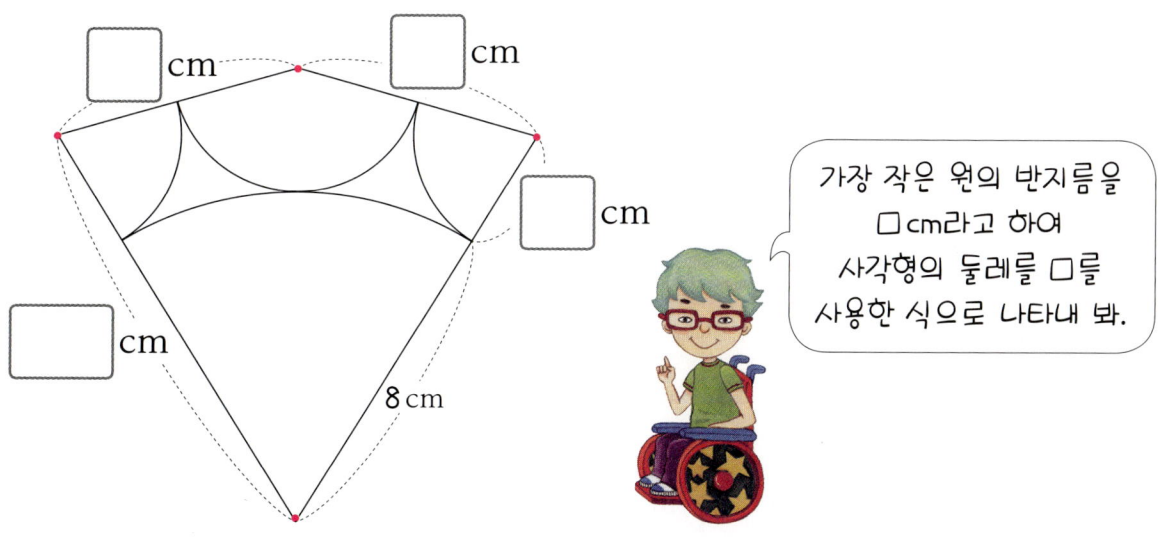

가장 작은 원의 반지름을
☐ cm라고 하여
사각형의 둘레를 ☐를
사용한 식으로 나타내 봐.

정답및 해설

측정

D2
(11~12세)

누구나 쉽고 재미있게
사고력
수학

누그

천재교육

누구나 **쉽고 재미**있게
사고력
수학

매일 마시는 스마트 교과서

천재교육이 만든 **초등 전과목 스마트 학습**

성적향상 **공부 자신감**

학습 응용력 **공부 흥미**

전과목 학습능력

정답 및 해설

누구나
쉽고 재미있게

사고력 수학

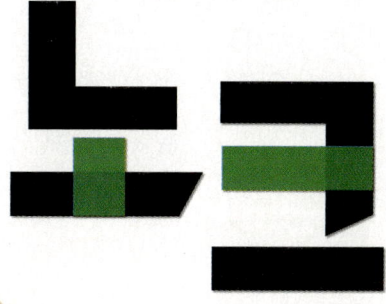

D2
(11~12세)

측정

① 저울

꼬마 요괴들이 저울을 3번 사용하여 보석의 무게를 잽니다. 그러나 ★의 무게만 알고 ●와 ◆의 무게를 알 수 없습니다.

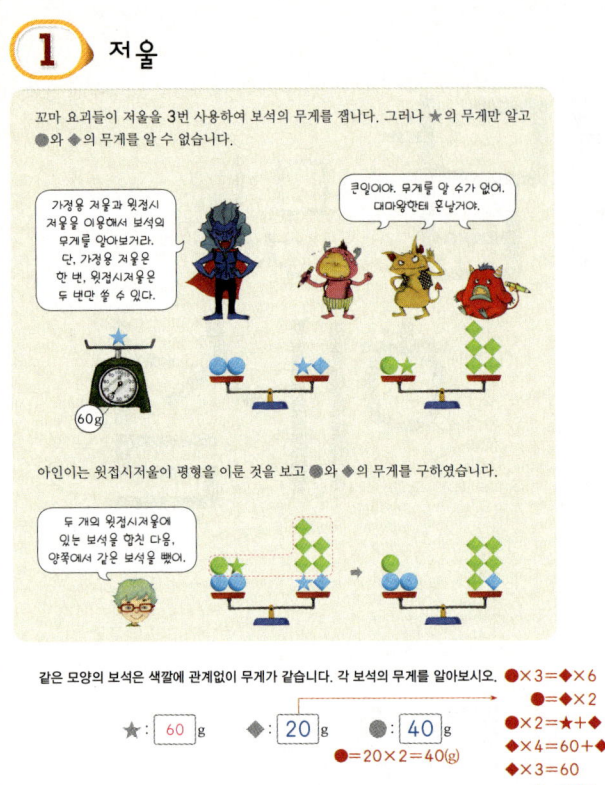

아인이는 윗접시저울이 평형을 이룬 것을 보고 ●와 ◆의 무게를 구하였습니다.

같은 모양의 보석은 색깔에 관계없이 무게가 같습니다. 각 보석의 무게를 알아보시오.

★ : 60 g   ◆ : 20 g   ● : 40 g

●×3＝◆×6
●＝◆×2
●×2＝★＋◆
◆×4＝60＋◆
◆×3＝60
◆＝20(g)
●＝20×2＝40(g)

윗접시저울에 여러 가지 모양의 추를 올려놓았습니다. ⬡가 10g일 때 나머지 추의 무게를 알아보시오. (단, 같은 추는 무게가 같습니다.)

⬠＝10×2＝20(g)   ♣＋20＝10×5
＝30(g)

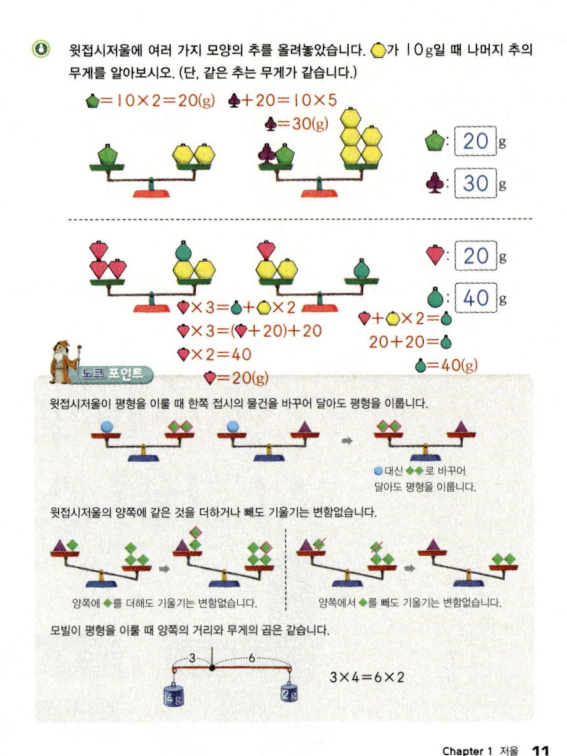

⬠ : 20 g
♣ : 30 g

♦ : 20 g
⬡ : 40 g

◆×3＝◯＋◇×2
◆×3＝(♥＋20)＋20
◆×2＝40
♥＝20(g)

◆×2＝20(g)

♦＋◇×2＝
20＋20＝◯
＝40(g)

노크 포인트

윗접시저울이 평형을 이룰 때 한쪽 접시의 물건을 바꾸어 달아도 평형을 이룹니다.

◉ 대신 ◆◆로 바꾸어 달아도 평형을 이룹니다.

윗접시저울의 양쪽에 같은 것을 더하거나 빼도 기울기는 변함없습니다.

양쪽에 ▲를 더해도 기울기는 변함없습니다.   양쪽에서 ◆를 빼도 기울기는 변함없습니다.

모빌이 평형을 이룰 때 양쪽의 거리와 무게의 곱은 같습니다.

3×4＝6×2

무게의 순서

번호가 적힌 구슬을 윗접시저울에 올려놓아 무게를 비교하였습니다. 같은 번호의 구슬은 무게가 같다고 할 때 가장 무거운 구슬부터 순서대로 알아봅시다.

양쪽에서 같은 번호의 구슬을 빼도 윗접시저울의 기울기는 변함이 없어.

윗접시저울이 평형을 이루면 다른 쪽 접시와 바꾸어 달아도 평형을 이루지.

❶ 윗접시저울의 양쪽에서 같은 구슬을 빼도 기울기는 변함없습니다. 같은 번호의 구슬을 빼서 위의 저울을 간단히 고쳐 보시오. 가장 무거운 구슬은 몇 번입니까? ③

오른쪽 저울에서 ③번 구슬의 무게와 ①, ②번 구슬의 무게의 합이 같으므로 ③번 구슬이 가장 무겁습니다.

❷ ❶의 오른쪽 저울은 평형을 이루므로 왼쪽 저울의 ③ 구슬을 ① 과 ② 구슬로 바꾸어 달고 다시 같은 구슬을 빼 보시오. 가장 가벼운 구슬은 몇 번입니까? ①

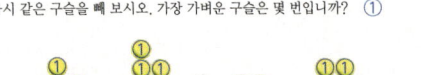

②번 구슬 2개의 무게가 ①번 구슬 2개보다 무거우므로 ①번 구슬이 가장 가볍습니다.

❸ 가장 무거운 구슬부터 순서대로 번호를 쓰시오. ③, ②, ①

[무거운 구슬, 가벼운 구슬]

1 기호가 적힌 구슬을 윗접시저울에 달았더니 모두 평형을 이루었습니다. 가장 무거운 구슬과 가장 가벼운 구슬을 찾아 기호를 쓰시오. (단, 같은 기호가 적힌 구슬은 무게가 같습니다.) 가장 무거운 구슬: ㉮, 가장 가벼운 구슬: ㉣

㉯×2＝㉮   ㉮＝㉯＋㉰   ㉱×2＝㉣×3
㉯＜㉮   ㉯×2＝㉯＋㉰   ㉱＞㉣
        ㉰＜㉯

따라서 무게 순서는 ㉮＞㉯＝㉱＞㉣입니다.

[추의 무게 순서]

2 3가지 모양의 추를 윗접시저울에 올려놓았더니 다음과 같이 한 저울은 한 쪽으로 기울고 두 저울은 평형을 이루었습니다. 무거운 추부터 순서대로 모양을 그리시오. (단, 같은 모양의 추는 무게가 같습니다.)

●×2＋▲＞◯＋▲×3   ●＋▲×2＝▲×2＋◆×2
●＞▲×2   ◯＝◆×2
                      ●＞◆

● ● ● ● ● ●   ● ● ●   ● ● ●

●＋▲×3＝◯＋◆×2
▲×3＝◆×2
▲＜◆

모빌

14·15

지오와 태경이가 모빌의 원리에 대해 이야기하고 있습니다.

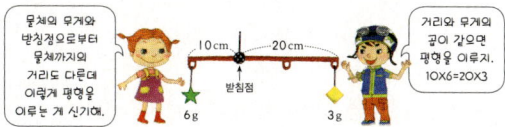

물체의 무게와 받침점으로부터 물체까지의 거리도 다른데 이렇게 평형을 이루는 게 신기해.

거리와 무게의 곱이 같으면 평형을 이루지. 10×6=20×3

다음 모빌이 전체적으로 평형을 이루고 ★의 무게가 6g입니다. 각 모양의 무게를 구해 보시오. (단, 모빌의 구멍과 구멍 사이의 거리는 각각 10cm로 같고, 모빌 막대와 실의 무게는 생각하지 않습니다.)

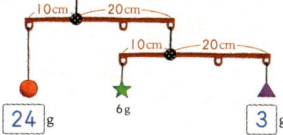

❶ ★과 ▲이 평형을 이룹니다. ☐ 안에 알맞은 수를 써넣고, ▲의 무게를 구하시오.

$10×6=20×\boxed{3}$

3g

❷ ●이 ★, ▲과 평형을 이룹니다. ☐ 안에 알맞은 수를 써넣고, ●의 무게를 구하시오.

$10×\boxed{24}=20×12$

24g

[거리가 같은 모빌]

1 모빌이 평형을 이루고 있습니다. ●의 무게가 4g일 때 ○ 안에 알맞은 무게를 써넣으시오. (단, 모빌의 구멍과 구멍 사이의 거리는 모두 같고, 모빌 막대와 실의 무게는 생각하지 않습니다.)

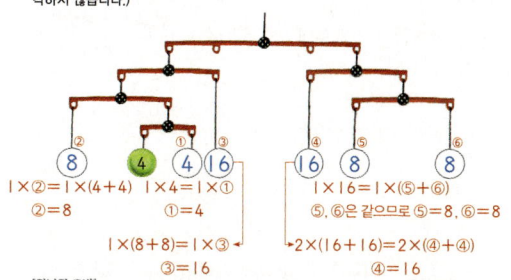

$1×②=1×(4+4)$　$1×4=1×①$
$②=8$　　　　　　$①=4$

$1×16=1×(⑤+⑥)$
⑤, ⑥은 같으므로 ⑤=8, ⑥=8

$1×(8+8)=1×③$　　$2×(16+16)=2×(④+④)$
$③=16$　　　　　　　$④=16$

[장난감 모빌]

2 자동차, 배, 비행기, 오토바이 모형이 평형을 이루고 있는 모빌입니다. 비행기 모형의 무게가 4g이라 할 때 ☐ 안에 알맞은 무게를 써넣으시오. (단, 모빌의 구멍과 구멍 사이의 거리는 각각 같고, 모빌 막대와 실의 무게는 생각하지 않습니다.)

자동차와 배의 무게는 같아, 알고 있었지?

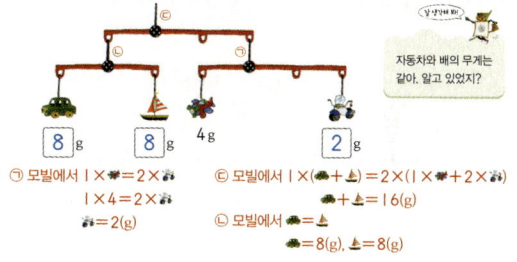

⊙ 모빌에서 $1×🚗=2×🏍$
$1×4=2×🏍$
$🏍=2(g)$

ⓒ 모빌에서 $1×(🚗+🛥)=2×(1×🚗+2×🏍)$
$🚗+🛥=16(g)$

ⓛ 모빌에서 $🚗=🛥$
$🚗=8(g), 🛥=8(g)$

---

② 가짜 금화 찾기

16·17

대마왕이 6개의 금화 중 가짜 금화를 찾아내라고 꼬마 요괴에게 명령하였습니다.

무게가 가벼운 가짜 금화가 하나 있다. 윗접시저울을 두 번만 이용하여 가짜 금화를 찾아라.

모양과 크기가 같아서 눈으로 보고, 만져 보아도 가짜 금화를 찾을 수 없어.

대마왕　　멍하니 요괴

잘난척 요괴와 울보 요괴가 윗접시저울을 2번 사용하여 금화의 무게를 비교하였더니 모두 평형을 이룹니다.

첫 번째　　　두 번째

금화를 양쪽 접시에 한 개씩 올려놓았을 때 운이 좋으면 저울을 한 번만 사용해도 가짜 금화를 찾을 수 있어.

잘난척 요괴

나는 운이 나빠 저울을 2번 사용해도 가짜 금화를 찾을 수 없어. 앙앙.

울보 요괴

태경이는 다른 방법으로 금화의 무게를 비교하였는데 모두 평형을 이룹니다. 가짜 금화의 번호를 쓰시오. **6**

첫 번째　　　두 번째

1, 2, 3, 4, 5 금화는 모두 무게가 같으므로 이 중에는 가짜 금화가 없습니다. 따라서 가짜 금화는 6번입니다.

---

❶ 모양과 크기가 같은 3개의 구슬 중 하나는 무게가 무겁습니다. 2개의 구슬을 골라 저울의 양쪽 접시에 달았을 때의 결과를 보고 무거운 구슬을 찾아 번호를 쓰시오.

무거운 구슬: ②　　무거운 구슬: ③　　무거운 구슬: ①

윗접시저울은 무거운 쪽으로 기울어지지.

평형을 이루면 무게가 같다는 뜻이지.

윗접시저울은 오른쪽으로 기울거나, 평형을 이루거나, 왼쪽으로 기울어지는 3가지 경우가 있어.

🐻 포인트

여러 개의 금화 중에서 무게가 가벼운 가짜 금화가 있다고 할 때 윗접시저울을 이용하여 가짜 금화를 찾아낼 수 있습니다.

금화가 2개 또는 3개 있을 때 윗접시저울을 1번만 사용하면 가짜 금화를 찾을 수 있습니다.

❶>❷　　❶<❷　　❶=❷

금화가 4개부터 9개까지 있을 때 윗접시저울을 2번만 사용하면 가짜 금화를 찾을 수 있습니다.

정답 및 해설 **3**

🔨 무게가 가벼운 가짜 금화

모양과 크기가 같은 9개의 금화 중 하나가 가벼운 가짜 금화라고 할 때, 윗접시저울을 두 번만 사용하여 가짜 금화를 찾는 방법을 알아봅시다.

❶ 다음과 같이 6개의 금화를 양쪽 접시에 올렸을 때 나올 수 있는 경우는 3가지입니다. 각 경우마다 가짜 금화가 될 수 있는 금화의 번호를 쓰시오.

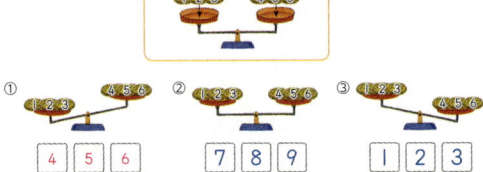

① 4 5 6
② 7 8 9
③ 1 2 3

❷ 가짜 금화가 ④, ⑤, ⑥ 중의 하나라고 할 때, 다음과 같이 ④, ⑤를 윗접시저울에 올리면 나올 수 있는 경우는 3가지입니다. 각 경우마다 가짜 금화의 번호를 쓰시오.

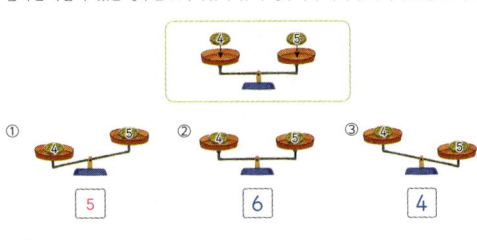

① 5
② 6
③ 4

18 D2 측정

[무거운 금화 찾기]

1 모양과 크기가 같은 금화 9개 중 하나가 다른 금화보다 무겁습니다. 다음 평형을 이루는 두 저울을 보고 무거운 금화의 번호를 쓰시오.   3

무거운 동전이 1개 있으면 윗접시저울이 한쪽으로 기울어져야 하는데 모두 평형을 이루므로 이 중에는 가짜 금화가 없습니다. 따라서 가짜 금화는 3번입니다.

[가벼운 금화 찾기]

2 다음은 9개의 금화 중 무게가 가벼운 가짜 금화 하나를 찾는 방법을 표로 나타낸 것입니다. 빈칸에 금화의 번호를 써넣어 표를 완성하시오.

윗접시저울 1회		윗접시저울 2회		가짜 금화
	1, 2, 3 > 4, 5, 6 → 4, 5, 6 중의 하나가 가짜 금화		4 > 5	5
			4 = 5	6
			4 < 5	4
	1, 2, 3 = 4, 5, 6 → 7, 8, 9 중의 하나가 가짜 금화		7 > 8	8
			7 = 8	9
			7 < 8	7
	1, 2, 3 < 4, 5, 6 → 1, 2, 3 중의 하나가 가짜 금화		1 > 2	2
			1 = 2	3
			1 < 2	1

1 < 2   1 = 2   1 > 2

Chapter 1 저울 19

🔨 무게가 다른 구슬

모양과 크기가 같은 8개의 구슬이 있습니다. 이 중에서 무게가 10 g인 구슬이 1개, 무게가 9 g인 구슬이 1개이고 나머지는 모두 6 g입니다. 다음을 보고 10 g인 구슬과 9 g인 구슬을 찾아봅시다.

가   나   다

❶ 나 저울을 보면 3개의 구슬이 4개의 구슬보다 더 무겁습니다. ②, ④, ⑥, ⑧ 구슬은 모두 몇 g씩입니까? ①, ③, ⑤ 구슬에 10 g, 9 g 구슬이 있는 이유를 말해 보시오.

①, ③, ⑤ 3개의 구슬이 가장 무거울 때는 10+9+6=25(g)이군.

②, ④, ⑥, ⑧ 4개의 구슬이 가장 무거울 때는 6+6+6+6=24(g)이군.

6 g, 구슬 3개가 구슬 4개보다 무거워야 하기 때문입니다.

❷ ①, ③, ⑤ 구슬을 제외한 구슬은 모두 6 g이므로 가와 다 저울에서 다음과 같이 같은 무게의 구슬을 뺄 수 있습니다. 다음 저울을 보고 10 g 구슬과 9 g 구슬을 찾아보시오.   10 g 구슬: ①, 9 g 구슬: ⑤

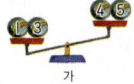 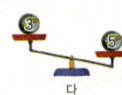
가   다

⑤는 ③보다 무거우므로 ①이 ③보다 무거워야겠군.

①, ③, ⑤ 구슬의 무게 순서는 ① > ⑤ > ③ 입니다.

20 D2 측정

[2개의 가짜 금화]

1 모양과 크기가 같은 6개의 금화에 무게가 가벼운 가짜 금화 2개가 섞여 있습니다. 다음을 보고 가짜 금화 2개의 번호를 쓰시오. (단, 가짜 금화 2개는 서로 무게가 같고, 진짜 금화 4개도 서로 무게가 같습니다.)   4, 6

왼쪽 저울에서 가짜 금화는 4, 5, 6 중에 2개이고, 나머지 1, 2, 3 금화는 모두 진짜 금화입니다. 따라서 오른쪽 저울에서 진짜 금화 1, 3을 제외한 나머지 4, 6이 가짜 금화입니다.

[금반지 찾기]

2 모양과 크기가 같은 금반지가 10개 있습니다. 14 g짜리와 17 g짜리가 1개씩 있고 나머지 8개는 모두 10 g입니다. 다음을 보고 가장 무거운 금반지를 찾아 번호를 쓰시오.   1

  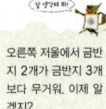

오른쪽 저울에서 금반지 2개가 금반지 3개보다 무거우려면, 이제 알겠지?

오른쪽 저울에서 ①, ⑤ 2개의 금반지가 ⑥, ⑨, ⑩ 3개의 금반지보다 무거우려면 각각의 무게는 14 g과 17 g 중 하나입니다. 나머지 8개의 금반지는 모두 무게가 같으므로 왼쪽 저울에서 ① 금반지가 ⑤ 금반지보다 무겁습니다.
① 금반지: 17 g, ⑤ 금반지: 14 g

Chapter 1 저울 21

22·23

③ 눈금 없는 측정

태경이의 친구 연우의 아버지는 한약방을 하시는데 약재를 조제할 때 오래된 천칭 저울을 이용합니다.

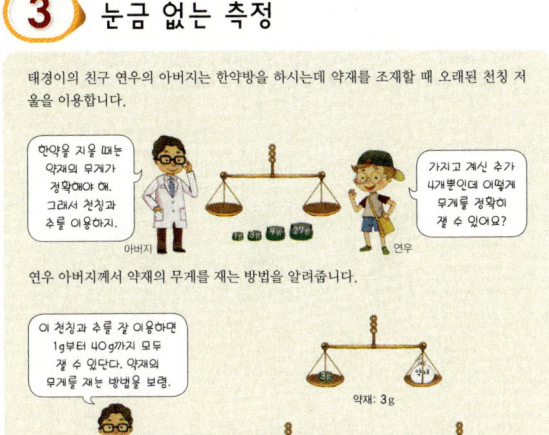

> 한약을 지을 때는 약재의 무게가 정확해야 해. 그래서 천칭과 추를 이용하지. (아버지)

> 가지고 계신 추가 4개뿐인데 어떻게 무게를 정확히 잴 수 있어요? (연우)

연우 아버지께서 약재의 무게를 재는 방법을 알려줍니다.

> 이 천칭과 추를 잘 이용하면 1g부터 40g까지 모두 잴 수 있단다. 약재의 무게를 재는 방법을 보렴.

약재: 3g
약재: 12g(3+9)
약재: 27g

연우가 천칭과 추를 이용하여 약재의 무게를 잰 것입니다. 약재의 무게를 구하시오.

 약재: **10** g
1+9=10(g)

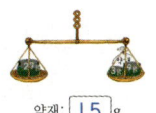 약재: **21** g
(3+27)−9=21(g)

약재: **15** g
27−(3+9)=15(g)

연우 아버지께서 가지고 계신 추를 이용하면 1g부터 40g까지의 약재의 무게를 모두 잴 수 있습니다. 13g의 약재를 재려면 오른쪽과 같이 추를 놓으면 됩니다.

 13g

다음 무게의 약재를 만들려고 합니다. 천칭의 접시 위에 알맞게 추를 그려 넣으시오.

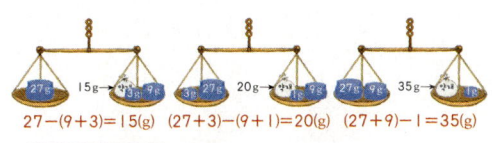

27−(9+3)=15(g)   (27+3)−(9+1)=20(g)   (27+9)−1=35(g)

> 같은 쪽에 추가 있으면 +, 다른 쪽에 추가 있으면 −, 1, 3, 9, 27과 +, −를 사용해 약재의 무게를 만드는 식을 세워 봐.

> 1, 3, 9, 27과 +, −를 사용해 20을 만들면 (27+3)−(9+1)=20

토크 포인트

① 길이를 알고 있는 막대를 이어 붙이거나 겹쳐서 여러 가지 길이를 잴 수 있습니다. 이어 붙이면 덧셈, 겹치면 뺄셈입니다.

| 3 | 1 | → | 3 | 1 | | 3 | |
3   1   4(3+1)   2(3−1)

② 추를 놓는 방법에 따라 여러 가지 무게를 잴 수 있습니다. 추가 같은 쪽에 있으면 덧셈, 추가 다른 쪽에 있으면 뺄셈입니다.

3+1=4(g)   3−1=2(g)

24·25

막대로 길이 재기

5cm, 2cm짜리 막대가 각각 2개씩 있습니다. 이 막대를 이용하여 여러 가지 길이를 잴 수 있습니다. 1cm부터 14cm까지의 길이 중 잴 수 없는 길이를 구해 봅시다.

> 막대를 옆으로 이어 붙이면 길이가 늘어나니까 덧셈이겠네.

> 막대를 위, 아래로 붙이면 늘어나지 않으니까 덧셈은 아닌거야.

5cm   2cm

❶ 2cm, 4cm, 5cm, 7cm, 9cm, 10cm 길이를 잴 수 있는 방법을 그려 보시오.

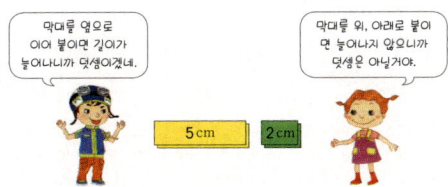

| 2cm | 2cm | 2cm | 5cm | 5cm | 2cm |
2cm   4cm   5cm   7cm

| 5cm | 2cm | 2cm | 5cm | 5cm |
9cm   10cm

❷ 1cm, 3cm, 6cm, 8cm 길이를 잴 수 있는 방법을 그려 보시오.

| 5cm | | 5cm | | 5cm | 5cm |
2cm 2cm 1cm   2cm 3cm   2cm 2cm 6cm

| 5cm | 5cm |
2cm   8cm

❸ 11cm부터 14cm까지의 길이를 잴 수 있는 방법을 그려 보시오. 잴 수 없는 길이는 몇 cm입니까? **11cm, 13cm**

| 5cm | 5cm | 2cm | 5cm | 5cm | 2cm | 2cm |
12cm   14cm

[잴 수 없는 길이]

1 2cm, 4cm, 5cm, 10cm짜리 막대가 각각 1개씩 있습니다.

| 2 | 4 | 5 | 10 |

이 막대를 이용하여 21cm까지의 길이를 재려고 합니다. 표를 완성하고 1cm부터 21cm까지의 길이 중 위의 막대를 이용하여 잴 수 없는 길이를 모두 구하시오.

18cm, 20cm

1	5−4	7	2+5	13	10+5−2	19	10+5+4
2	2	8	10−2	14	10+4	20	✕
3	5−2	9	5+4	15	10+5	21	10+5+4+2
4	4	10	10	16	10+4+2		
5	5	11	2+4+5	17	10+5+2		
6	2+4	12	10+2	18	✕		

[잴 수 있는 무게]

2 윗접시저울과 1g짜리 추, 5g짜리 추, 15g짜리 추가 각각 1개씩 있습니다. 추를 양쪽 접시에 놓을 수 있다고 할 때 잴 수 있는 무게는 모두 몇 가지입니까? **13가지**

1g, 5−1=4(g), 5g, 5+1=6(g), 15−5−1=9(g), 15−5=10(g),
15−5+1=11(g), 15−1=14(g), 15g, 15+1=16(g),
15+5−1=19(g), 15+5=20(g), 15+5+1=21(g)

정답 및 해설 **5**

추의 최소 개수

물건을 올려놓는 곳이 한쪽에 따로 있는 대저울을 이용하여 물건의 무게를 재려고 합니다. 1 g부터 15 g까지의 무게를 모두 재려고 할 때 적어도 몇 개의 추가 필요한지 알아봅시다.

1 g짜리 추가 15개 있으면 모두 잴 수 있지.

1 g부터 15 g까지 각각 1개씩 있어도 돼. 추는 15개 필요하지.

1 g짜리 추가 1개, 2 g짜리 추가 7개 있어도 모두 잴 수 있지.

① 1 g과 2 g짜리 추가 각각 1개씩 있으면 1 g, 2 g, 3 g(1+2)인 물건의 무게를 잴 수 있습니다. 4 g을 재려고 4 g짜리 추를 하나 가져왔습니다. 1 g, 2 g, 4 g짜리 추로 몇 g까지 잴 수 있고, 다음 필요한 추는 몇 g짜리입니까? 8 g

1	1	3	2+1	5	4+1	7	4+2+1
2	2	4	4	6	4+2		

② 1 g, 2 g, 4 g짜리 추와 ①에서 구한 추로 몇 g까지 잴 수 있습니까? 15 g

8	8	10	8+2	12	8+4	14	8+4+2
9	8+1	11	8+2+1	13	8+4+1	15	8+4+2+1

③ 1 g부터 15 g까지의 무게를 재려고 할 때 최소 몇 개의 추가 필요합니까? 4개

[막대 3개 고르기]

1 1 cm부터 9 cm까지 길이의 막대가 각각 1개씩 있습니다. 이 막대를 겹치거나 이어 붙여 1 cm부터 13 cm까지의 길이를 모두 잴 수 있는 막대 3개를 고르려고 합니다. 바르게 고른 요괴를 찾으시오. 딴짓 요괴

난 1 cm, 4 cm, 8 cm 막대를 골랐어.

난 1 cm, 3 cm, 9 cm 막대를 골랐어.

난 1 cm, 2 cm, 10 cm 막대를 골랐어.

거꾸로 요괴　　　딴짓 요괴　　　잠만보 요괴

1	1	4	3+1	7	9-3+1	10	9+1
2	3-1	5	9-3-1	8	9-1	11	9+3-1
3	3	6	9-3	9	9	12	9+3
						13	9+3+1

[추의 무게]

2 추 4개와 윗접시저울을 이용하여 1 g부터 40 g까지의 무게를 모두 재었습니다. 추 3개의 무게가 각각 1 g, 3 g, 9 g일 때 나머지 추 1개의 무게를 구하시오. 27 g

1 g, 3 g, 9 g 3개의 추로 13 g까지 잴 수 있고, 27 g의 추가 하나 더 있으면 14 g부터 40 g의 무게를 잴 수 있습니다.

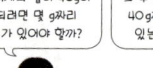

1 g, 3 g, 9 g 3개의 추로 13 g까지 잴 수 있어. 다음 필요한 추는 몇 g일까?

추 4개의 합이 40 g이 되려면 몇 g짜리 추가 있어야 할까?

그 추만 있으면 1 g부터 40 g까지 모두 잴 수 있는지 확인해 봐.

창의적 문제해결력

1 윗접시저울을 이용하여 구슬과 동전의 무게를 비교하였습니다. 검은 구슬 1개의 무게는 동전 몇 개의 무게와 같습니까? (단, 같은 색 구슬은 무게가 같습니다.) 5개

20개

저울의 양쪽에서 같은 것을 빼서 간단히 만들어.

흰 구슬 2개를 검은 구슬로 바꿔.

왼쪽 저울에서 검은 구슬과 흰 구슬의 무게는 같습니다. 오른쪽 저울에서 흰 구슬 2개를 검은 구슬 2개로 바꾸면 검은 구슬 4개와 동전 20개의 무게가 같으므로 검은 구슬 1개의 무게는 동전 5개의 무게와 같습니다.

2 다음과 같이 균형 잡힌 동물 인형 모빌을 만들었습니다. 토끼 인형의 무게가 100 g이라고 할 때, 원숭이, 개구리, 곰 인형의 무게는 각각 몇 g입니까? (단, 모빌의 구멍과 구멍 사이의 거리는 모두 같고, 모빌 막대와 실의 무게는 생각하지 않습니다.)

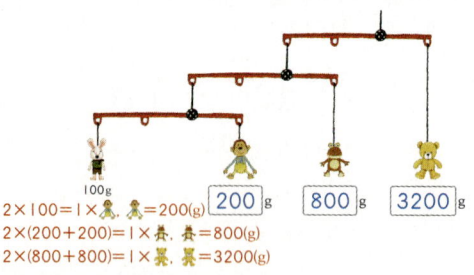

100 g　　200 g　　800 g　　3200 g

2×100=1×🐸　🐸=200(g)
2×(200+200)=1×🐵　🐵=800(g)
2×(800+800)=1×🐻　🐻=3200(g)

● 동영상 특강
QR 코드를 찍어 보세요!!

3 모양과 크기가 같은 8개의 금화에 무게가 가벼운 가짜 금화 2개가 섞여 있습니다. 가짜 금화 2개의 무게는 서로 같고, 진짜 금화 6개도 서로 무게가 같습니다. 가짜 금화 2개의 번호를 쓰시오. 3, 7

가　　　나　　　다

첫 번째 저울에서 가짜 금화는 1, 3, 5, 7 중에 두 개 있습니다. 두 번째 저울에서 가짜 금화는 1, 3 중에 하나, 5, 7 중에 하나 있습니다. 세 번째 저울에서 3은 가짜 금화이고, 5는 진짜 금화임을 알 수 있습니다. 금화 5, 7 중에 가짜 금화가 1개 있어야 하므로 금화 7은 가짜 금화입니다.

4 2 g짜리 추 2개, 5 g짜리 추 2개, 8 g짜리 추 2개가 있습니다. 추와 윗접시저울을 이용하여 21 g부터 30 g까지의 물건의 무게를 잰다고 할 때 잴 수 없는 무게를 모두 쓰시오. 27 g, 29 g

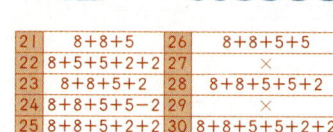

21	8+8+5	26	8+8+5+5
22	8+5+5+2+2	27	×
23	8+8+5+2	28	8+8+5+5+2
24	8+8+5-2	29	×
25	8+8+5+2+2	30	8+8+5+5+2+2

들이, 시계와 달력

④ 들이 재기와 시간 재기

강을 건너기 위해서는 배에 마법의 연료를 넣어야 합니다.

- 3 L, 5 L짜리 통이 있다.
- 배에 정확히 4 L의 연료를 넣어야만 이 강을 건널 수 있다.
- 만약 4 L보다 모자라면 배가 중간에 멈추고 4 L를 넘으면 가라앉을 것이다.
- 단, 한 번에 4 L의 연료를 채워야 한다.

태경이가 배에 4 L의 연료를 채우는 방법을 말합니다.

5 L 통에 연료를 가득 채워. / 5 L 통의 연료를 3 L 통에 가득 부어. 그럼 5 L 통에 2 L가 남아. / 배에 이 2 L의 연료를 넣어. 한 번 더 반복하면 정확하게 4 L를 만들 수 있어.

태경이는 한 번이 아닌 두 번에 4 L를 채웠으므로 방법이 맞지 않습니다. 다음은 아인이가 4 L를 만든 방법입니다. □안에 연료의 양을 써넣으시오.

5 - 3 = 2(L)
이 연료의 양이 4 L임.
5 - 1 = 4(L)

아인이가 4 L를 만드는 방법을 표로 나타내었습니다. 표를 완성하시오.

순서	5 L 통의 연료의 양	3 L 통의 연료의 양	내용
준비	0 L	0 L	5 L와 3 L 통을 준비합니다.
1	5 L	0 L	5 L 통에 연료를 가득 채웁니다.
2	2 L	3 L	5 L 통의 연료를 3 L 통에 가득 옮깁니다.
3	2 L	0 L	3 L 통의 연료를 버립니다.
4	0 L	2 L	5 L 통에 남은 연료를 3 L 통에 붓습니다.
5	5 L	2 L	5 L 통에 연료를 다시 가득 채웁니다.
6	4 L	3 L	5 L 통의 연료를 3 L 통이 가득 차도록 옮기면 5 L 통에 남은 연료는 4 L 입니다.

노크 포인트

물통으로 들이 재기
들이가 다른 물통으로 물을 옮기면서 여러 가지 들이를 잴 수 있습니다.

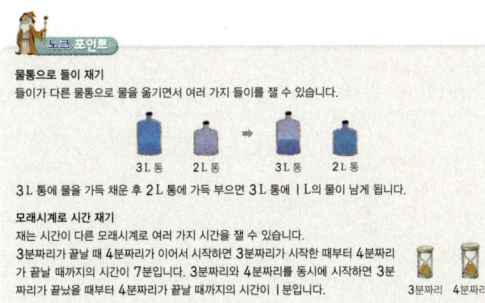

3 L 통에 물을 가득 채운 후 2 L 통에 가득 부으면 3 L 통에 1 L의 물이 남게 됩니다.

모래시계로 시간 재기
재는 시간이 다른 모래시계로 여러 가지 시간을 잴 수 있습니다.
3분짜리가 끝날 때 4분짜리가 이어서 시작하면 3분짜리가 시작한 때부터 4분짜리가 끝날 때까지의 시간이 7분입니다. 3분짜리와 4분짜리를 동시에 시작하면 3분짜리가 끝났을 때부터 4분짜리가 끝날 때까지의 시간이 1분입니다.

눈금 없는 들이 재기

10 L, 7 L, 4 L 통이 각각 하나씩 있고, 그중 10 L 통에 물이 가득 들어 있습니다.

물을 옮기면서 1 L를 만들어 봅시다. (단, 3개의 통 이외의 다른 곳에 물을 버릴 수도 없고 다른 곳에서 물을 가져올 수도 없습니다.)

10 L 통 / 7 L 통 / 4 L 통

3개의 통과 10 L의 물을 이용해서 1 L의 물을 만들어야 해. / 10 L 통에 8 L 물을 만들고 7 L 통에 가득 부으면 1 L의 물이 남을 거야.

① 1 L의 물을 만드는 두 가지 방법을 표로 나타낸 것입니다. 표를 완성하시오.

[방법 1]

순서	10 L 통의 물의 양	7 L 통의 물의 양	4 L 통의 물의 양
준비	10 L	0 L	0 L
1	6 L	0 L	4 L
2	0 L	6 L	0 L
3	4 L	6 L	0 L
4	4 L	2 L	4 L
5	8 L	2 L	0 L
6	8 L	0 L	2 L
7	1 L	7 L	2 L

[방법 2]

순서	10 L 통의 물의 양	7 L 통의 물의 양	4 L 통의 물의 양
준비	10 L	0 L	0 L
1	6 L	0 L	4 L
2	6 L	4 L	0 L
3	2 L	4 L	4 L
4	2 L	7 L	1 L

난 10 L 통에 1 L를 만들었어. / 난 4 L 통에 1 L를 만들었어. 내가 훨씬 간단하군.

[6 L 만들기]

1 4 L와 7 L 들이 빈 물통이 있습니다. 물을 얼마든지 채우고 버릴 수 있다고 할 때 6 L의 물을 만들어 보시오.

순서	4 L 통	7 L 통
준비	0 L	0 L
1	0 L	7 L
2	4 L	3 L
3	0 L	3 L
4	3 L	0 L
5	3 L	7 L
6	4 L	6 L

4 L 통 / 7 L 통

먼저 4 L에 3 L를 만드는 방법을 생각해 봐.

[4 L 만들기]

2 3 L, 5 L, 8 L 통이 각각 하나씩 있고, 그중 8 L 통에 주스가 가득 채워져 있습니다. 3개의 통 이외의 다른 곳에 주스를 버릴 수도 없고 다른 곳에서 주스를 가져올 수도 없다고 할 때 5 L 통에 4 L의 주스를 만들어 보시오.

순서	3 L 통	5 L 통	8 L 통
준비	0 L	0 L	8 L
1	0 L	5 L	3 L
2	3 L	2 L	3 L
3	0 L	2 L	6 L
4	2 L	0 L	6 L
5	2 L	5 L	1 L
6	3 L	4 L	1 L

3 L 통 / 5 L 통 / 8 L 통

3 L 통에 2 L를 채운 다음 가득찬 5 L 통의 주스를 3 L 통으로 옮겨서 4 L를 만들 수 있어.

🦝 모래시계로 시간 재기

5분짜리와 7분짜리 모래시계가 하나씩 있을 때 16분을 재는 방법을 알아봅시다.

5분짜리   7분짜리

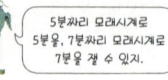
5분짜리 모래시계로
5분을, 7분짜리 모래시계로
7분을 잴 수 있지.

❶ 5분짜리와 7분짜리 모래시계를 동시에 시작합니다. 5분짜리가 끝났을 때부터 시간을 재기 시작합니다. 7분짜리 모래시계의 모래가 다 떨어지면 시간을 잰 지 몇 분이 지난 것입니까?

 → 5분 → → **2**분

5분짜리 7분짜리   5분짜리 7분짜리   7분짜리
$7-5=2$(분)

❷ ❶에서 7분짜리가 끝나면 7분짜리 모래시계를 뒤집습니다. 뒤집은 모래시계의 모래가 다 떨어지면 시간을 잰 지 몇 분이 지난 것입니까? **9분**
$2+7=9$(분)

❸ ❷에서 7분짜리가 끝나고 다시 7분짜리 모래시계를 뒤집어서 모래가 다 떨어지면 시간을 잰 지 몇 분이 지난 것입니까? **16분**
$9+7=16$(분)

[모래시계로 4분 재기]

1 3분짜리, 5분짜리 모래시계가 각각 하나씩 있습니다. 이 모래시계를 사용하여 4분을 재는 방법입니다. ☐ 안에 알맞은 수를 써넣으시오.

- 3분짜리와 5분짜리 모래시계를 동시에 시작합니다.
- **3** 분짜리가 끝났을 때 그 모래시계를 뒤집습니다. 3분짜리 5분짜리
- **5** 분짜리가 끝났을 때 그 모래시계를 뒤집습니다.
- **3** 분짜리가 끝났을 때부터 시간을 재기 시작합니다.
- **5** 분짜리 모래시계의 모래가 다 떨어지면 시간을 잰 지 4분이 지난 것입니다.

시작   뒤집기   끝
3분짜리 ■ → ■ → ■   총 6분
5분짜리 ■ → ■ → ■   총 10분
     5분   뒤집기   4분   끝

[모래시계로 13분 재기]

2 5분짜리와 6분짜리 모래시계가 각각 하나씩 있을 때 13분을 재는 방법을 설명하시오.

5분짜리   6분짜리

예 ① 5분짜리와 6분짜리 모래시계를 동시에 시작합니다.
② 5분짜리가 끝났을 때부터 시간을 재기 시작합니다. 〉1분
③ 6분짜리가 끝났을 때 그 모래시계를 뒤집습니다. 〉6분
④ 6분짜리가 끝났을 때 그 모래시계를 뒤집습니다. 〉6분
⑤ 6분짜리 모래시계의 모래가 다 떨어지면 시간을 잰 지 13분이 지난 것입니다.

---

⑤ 달력

꼬마 요괴들이 한 달이 며칠인지 이야기합니다.

1월은 31일인데
2월은 28일이야.

7월은 31일인데
8월도 31일이야.

달력은 정말 뒤죽박죽이야. 어떻게 이걸 외우지?

태경이와 초이는 한 달이 며칠인지를 달력을 보지 않고도 알 수 있다고 합니다.

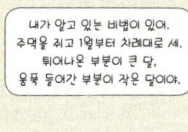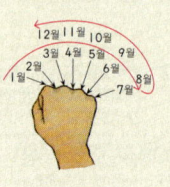

내가 알고 있는 비법이 있어. 주먹을 쥐고 1월부터 차례대로 세. 튀어나온 부분이 큰 달, 움푹 들어간 부분이 작은 달이야.

큰 달은 31일이고, 작은 달은 30일이야. 작은 달 중 2월만 28일 또는 29일이야.

12월 11월 10월
3월 4월 5월 9월
2월 6월 8월
1월 7월

한 달의 날수가 복잡하게 된 이유는 고대 로마에서 사용되던 율리우스력이라는 달력때문입니다. 율리우스력을 만든 카이사르는 2월에서 하루를 떼어 자신이 태어난 달 7월을 31일로 만들었습니다. 카이사르의 아들인 로마의 황제 아우구스투스도 2월에서 하루를 떼어 자신이 태어난 달 8월을 31일인 큰 달로 만들었습니다.
2월은 이리저리 날수를 빼앗겨 28일이 되었습니다.

🟢 다음은 어느 해 1월, 2월, 3월의 달력입니다. 1월 1일은 수요일, 2월 1일은 토요일, 3월 1일은 토요일입니다.

1월

일	월	화	수	목	금	토
			1	2	3	4
5	6	7	8	9	10	11
12	13	14	15	16	17	18
19	20	21	22	23	24	25
26	27	28	29	30	31	

2월

일	월	화	수	목	금	토
						1
2	3	4	5	6	7	8
9	10	11	12	13	14	15
16	17	18	19	20	21	22
23	24	25	26	27	28	

3월

일	월	화	수	목	금	토
						1
2	3	4	5	6	7	8
9	10	11	12	13	14	15
16	17	18	19	20	21	22
23	24	25	26	27	28	29
30	31					

이 해의 매달 1일의 요일을 알아보시오.

	31일	28일	31일	30일	31일	30일	31일	31일	30일	31일	30일	
1월	2월	3월	4월	5월	6월	7월	8월	9월	10월	11월	12월
수	토	토	화	목	일	화	금	월	수	토	월

며칠 후의 요일은 7로 나눈 나머지만큼 뒤의 요일을 계산합니다.
31일 후 → $31 \div 7 = 4 \cdots 3$(3일 뒤 요일)
30일 후 → $30 \div 7 = 4 \cdots 2$(2일 뒤 요일)
28일 후 → $28 \div 7 = 4$(같은 요일)

🧙 **토크 포인트**

7일마다 같은 요일이 반복되므로 며칠 후의 요일은 7로 나누었을 때의 나머지만큼 요일을 헤아리면 됩니다.
오늘이 금요일일 때 100일 후의 요일을 알아보면 $100 \div 7 = 14 \cdots 2$.
100을 7로 나누면 나머지가 2이므로 나머지만큼 요일을 헤아리면 일요일이 됩니다.
요일 없는 달력을 그린 후 조건에 맞게 요일을 표시하면 복잡한 달력 문제를 쉽게 해결할 수 있습니다.

1	2	3	4	5	6	7
8	9	10	11	12	13	14
15	16	17	18	19	20	21
22	23	24	25	26	27	28
29	30	31				

요일 없는 달력

8   D2 측정

요일 없는 달력

어느 해 11월의 토요일에는 짝수 날이 3번 있습니다. 그 해의 크리스마스는 무슨 요일인지 알아봅시다.

요일 없는 달력을 그려 봐. 요일을 빼고 1일부터 그 달의 마지막 날까지 순서대로 쓰면 돼.

1	2	3	4	5	6	7
8	9	10	11	12	13	14
15	16	17	18	19	20	21
22	23	24	25	26	27	28
29	30					

조건에 맞게 요일을 하나 먼저 표시한 다음 순서대로 나머지 요일을 표시하면 돼.

❶ 요일 없는 달력을 그립니다. 11월은 30일까지 있으므로 30일까지 순서대로 씁니다. 짝수 날이 3번 있는 요일에 토요일을 쓰고, 순서에 맞게 나머지 요일을 채우시오.

금	토	일	월	화	수	목
1	2	3	4	5	6	7
8	9	10	11	12	13	14
15	16	17	18	19	20	21
22	23	24	25	26	27	28
29	30					

왼쪽에서부터 첫 번째 요일은 홀수 날이 1일, 15일, 29일로 3번 있고, 짝수 날이 8일, 22일로 2번 있어.

토요일의 짝수 날: 2일, 16일, 30일

❷ ❶의 달력에서 11월 30일은 무슨 요일입니까? 또, 그 다음 날인 12월 1일은 무슨 요일입니까? **토요일, 일요일**

❸ 크리스마스는 12월 25일입니다. 12월 25일은 무슨 요일입니까? **수요일**
12월 25일은 12월 1일의 24일 후입니다. 24일 후의 요일은 24÷7=3…3이므로 12월 1일 일요일부터 3일 후 요일인 수요일입니다.

---

1 [삼일절]
어느 해의 3월에는 일요일이 5번, 월요일이 4번 있습니다. 그 해 삼일절은 무슨 요일입니까? **금요일**

삼일절은 3월 1일이야. 삼일절 하면 유관순 누나가 생각나지.

금	토	일	월	화	수	목
1	2	3	4	5	6	7
8	9	10	11	12	13	14
15	16	17	18	19	20	21
22	23	24	25	26	27	28
29	30	31				

31일까지 있는 요일 없는 달력을 이용하면 돼.

삼일절이 있는 달인 3월은 31일까지 있고, 1일부터 31일까지 요일 없는 달력을 그린 후 3월 1일의 요일을 찾습니다.

2 [한글날]
어느 해 6월의 달력입니다. 그 해의 한글날(10월 9일)은 무슨 요일입니까? **월요일**

6월

일	월	화	수	목	금	토
					1	2	3
4	5	6	7	8	9	10
11	12	13	14	15	16	17
18	19	20	21	22	23	24
25	26	27	28	29	30	

6월은 30일까지 있어. 6월 9일부터 30일 후는 7월 9일이야.

6월 9일 --30일--> 7월 9일 --31일--> 8월 9일 --31일--> 9월 9일 --30일--> 10월 9일
한글날은 6월 9일 금요일부터 30+31+31+30=122(일) 후이고,
122÷7=17…3이므로 금요일부터 3일 후 요일인 월요일입니다.

윤년과 평년

고대 로마의 달력인 율리우스력에서는 1년이 정확히 365일이 아닌 것을 알고 4년마다 한 번씩 2월을 29일로 정했습니다. 그로부터 천 년이 넘게 사용되면서 점차 날짜가 맞지 않게 되었는데, 그레고리력에서는 다음과 같이 달력을 수정하였고 현재까지 사용되고 있습니다.

윤년과 평년의 규칙
2월이 29일까지 있는 해를 윤년, 2월이 28일까지 있는 해를 평년이라고 합니다.
따라서 평년인 해의 1년은 365일, 윤년인 해의 1년은 366일이 됩니다.
1996년, 2004년……과 같이 4로 나누어 떨어지는 해는 윤년으로 하되
1800년, 1900년……과 같이 100으로 나누어 떨어지는 해는 평년으로 하고
1600년, 2000년……과 같이 400으로 나누어 떨어지는 해는 윤년으로 합니다.

2018년부터 2025년까지 매년 1월 1일의 요일을 알아봅시다.

❶ 2018년부터 2025년까지 윤년을 구해 보시오. **2020, 2024**

❷ 평년은 365일입니다. 2018년 1월 1일이 월요일이라고 할 때, 2019년 1월 1일과 2020년 1월 1일은 무슨 요일인지 차례로 쓰시오. **화요일, 수요일**

365를 7로 나누면 365÷7=52…1

365일 후는 365÷7=52…1이므로 2019년 1월 1일과 2020년 1월 1일의 요일은 직전년도 1월 1일의 1일 후 요일과 같습니다.

❸ 2020년은 윤년이므로 1년은 366일입니다. 2021년 1월 1일은 무슨 요일입니까? **금요일**
2020년 1월 1일의 366일 후인 2021년 1월 1일은
366÷7=52…2이므로 수요일의 2일 후 요일인 금요일입니다.

❹ 2018년부터 2025년까지 매년 1월 1일의 요일을 구하시오.

년도	2018	2019	2020	2021	2022	2023	2024	2025
1월 1일의 요일	월요일	화요일	수요일	금요일	토요일	일요일	월요일	수요일

(365일, 365일, 366일, 365일, 365일, 365일, 366일)
(1일 후, 1일 후, 2일 후, 1일 후, 1일 후, 1일 후, 2일 후)

---

1 [1988년 마지막 날 요일]
2021년 1월 1일은 금요일이고, 그 해 마지막 날인 12월 31일도 같은 금요일입니다. 서울올림픽이 열렸던 해인 1988년의 1월 1일도 금요일이라고 합니다. 1988년 12월 31일은 무슨 요일입니까? **토요일**
1988년은 4의 배수인 해이므로 윤년(366일)입니다.
1988년 12월 31일은 1988년 1월 1일부터 365일 후이므로 금요일의 1일 후(365÷7=52…1) 요일인 토요일입니다.

2021년 12월 31일은 그 해 1월 1일부터 364일 후가 되는 날이야.

2 [재활용 달력]
연도만 다를 뿐 날짜와 요일이 똑같은 달력이 있습니다. 이 달력을 사용하면 새해가 되어도 달력을 만들 필요가 없습니다. 2019년 이전에 2019년과 날짜와 요일이 같은 해 중 가장 가까운 해는 몇 년입니까? **2013년**

2019년 1월

일	월	화	수	목	금	토
		1	2	3	4	5
6	7	8	9	10	11	12
13	14	15	16	17	18	19
20	21	22	23	24	25	26
27	28	29	30	31		

	365일	365일	366일	365일	365일	365일
2019. 1. 1	2018. 1. 1	2017. 1. 1	2016. 1. 1	2015. 1. 1	2014. 1. 1	2013. 1. 1
화요일	월요일	일요일	금요일	목요일	수요일	화요일
	1요일 전	1요일 전	2요일 전	1요일 전	1요일 전	1요일 전

따라서 2019년과 날짜와 요일이 같은 해 중 가장 가까운 해는 2013년입니다.

6 시차

영국 런던의 그리니치 천문대를 지나고 지구의 남과 북을 잇는 선을 본초자오선이라고 합니다. 본초자오선을 경도 0° 선이라고 하며 이 선을 중심으로 동서로 나누어 동쪽은 동경, 서쪽은 서경이라고 합니다.

경도 15°마다 1시간의 시차가 생기는데, 동쪽으로 갈수록 시각은 빨라지고, 서쪽으로 갈수록 시각은 느려집니다. 한국은 동경 135°를 기준으로 한 시각을 사용하여 본초자오선보다 9시간이 빠릅니다.

경도 15°마다 시간의 시차가 생기므로 동경 135°인 지점은 경도 0°인 지점보다 9시간이 빠른 생기지.

동경 135°를 기준으로 하는 시각을 사용하는 한국은 본초자오선이 지나는 영국보다 9시간이 빨라.

한국이 낮 12시를 가리킬 때 영국은 몇 시입니까? **오전 3시**

영국의 시각은 한국의 시각보다 135°÷15°=9(시간) 느리므로
영국은 오전 12−9=3(시)입니다.

44 D2 측정

다음은 서울이 7시일 때 캐나다 토론토와 러시아 모스크바의 시각입니다.

서울
3월 5일 오후 7시

토론토
3월 5일 오전 6시

모스크바
3월 5일 오후 1시

● 한국의 서울이 3월 5일 오후 7시일 때 캐나다의 토론토는 3월 5일 오전 6시입니다. 토론토가 3월 5일 오후 6시라면 서울은 몇 월 며칠 몇 시입니까?
3월 6일 오전 7시

 토론토가 오전 6시, 서울이 오후 7시이니까 서울이 13시간 빨라.

 서울 시각은 토론토의 시각에 13시간을 더하면 되겠군.

3월 5일 오후 6시+13시간=3월 6일 오전 7시

● 한국의 서울이 3월 5일 오후 7시일 때 러시아의 모스크바는 3월 5일 오후 1시입니다. 모스크바가 3월 5일 오후 7시일 때 서울은 몇 월 며칠 몇 시입니까?
3월 6일 오전 1시

서울은 모스크바보다 오후 7시−오후 1시=6시간 빠르므로
서울은 3월 5일 오후 7시+6시간=3월 6일 오전 1시가 됩니다.

도크 포인트

어느 한 시점에 세계 여러 나라 도시들의 시각이 서로 다른데, 이들 도시간의 시각 차를 시차라고 합니다. 이는 지구의 자전 운동을 통해 발생합니다.

기준이 되는 도시보다 시차가 빠르면 그 시간을 더하고 시차가 늦으면 그 시간만큼 빼 줍니다.
서울이 베트남의 하노이보다 2시간 빠르다고 합니다.
서울의 시각이 오후 4시일 때 하노이의 시각은 서울보다 2시간 느리므로 오후 4시에서 2시간을 뺀 오후 2시입니다.
하노이의 시각이 오후 4시일 때 서울의 시각은 하노이보다 2시간 빠르므로 오후 4시에 2시간을 더한 오후 6시입니다.

Chapter 2 들이, 시계와 달력 45

삼촌의 해외 출장

태경이 삼촌께서 다음과 같은 쪽지를 남기시고 영국 런던으로 출장을 가셨습니다.

> 태경아!
> 삼촌의 업무시간은 런던 시각으로 오전 9시부터 오후 6시까지란다. 이 시간을 피해서 전화를 하렴. 자주 연락하자.
> −삼촌

서울의 시각이 오후 6시 30분일 때 영국 런던의 시각이 다음과 같습니다. 태경이가 전화하지 말아야 할 서울의 시각은 언제부터 언제까지인지 알아봅시다.

오후 6시 30분 서울

오전 9시 30분 런던

❶ 서울의 시각과 런던의 시각을 보고 서울이 런던보다 몇 시간 빠른지 구하시오. **9시간**

(서울의 시간)−(런던의 시간)
=오후 6시 30분−오전 9시 30분=9시간

❷ ❶에서 구한 시차를 이용하여 □ 안에 알맞은 수와 말을 써넣으시오.

런던 오전 8시 → 서울 같은 날 **오후 5** 시

런던 오후 6시 → 서울 다음 날 **오전 3** 시

❸ 태경이가 전화를 피해야 할 서울의 시각은 언제부터 언제까지입니까?
오후 5시부터 다음 날 오전 3시까지

46 D2 측정

[올림픽 개막식 시각]

1 2016년 브라질에서 개최된 제31회 리우데자네이루 올림픽은 리우데자네이루 시각으로 8월 5일 오후 6시에 개막식이 열렸습니다. 리우데자네이루의 시각이 우리나라보다 12시간 느리다고 할 때, 개막식이 열린 시각은 우리나라 시각으로 몇 월 며칠 몇 시입니까? **8월 6일 오전 6시**

(우리나라 시각)=(리우데자네이루 시각)+12시간
=8월 5일 오후 6시+12시간
=8월 6일 오전 6시

[한국 도착 시각]

2 지오의 아버지는 미국 샌프란시스코로 출장을 가셨습니다.

> 아빠가 계신 곳은 지금 몇 시에요? 지오
>
> 아버지 지금 시각은 12월 23일 오전 6시야.
>
> 아빠, 여기는 12월 23일 오후 11시에요. 언제 한국에 오세요? 지오
>
> 아버지 여기 시각으로 12월 24일 오후 1시 비행기로 출발해.

지오의 아버지가 샌프란시스코에서 출발하는 시각은 한국 시각으로 몇 월 며칠 몇 시입니까? **12월 25일 오전 6시**

(한국 시각)−(샌프란시스코 시각)=12월 23일 오후 11시−12월 23일 오전 6시=17시간이므로 한국이 샌프란시스코보다 17시간 빠릅니다. 지오 아버지는 한국 시각으로 12월 24일 오후 1시+17시간=12월 25일 오전 6시에 출발합니다.

Chapter 2 들이, 시계와 달력 47

48 49

🐾 시차와 비행 시간

아인이의 이모는 내일 미국의 뉴욕으로 7박 9일간의 배낭 여행을 떠납니다.

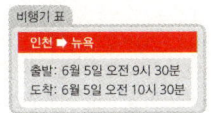
비행기 표
인천 ➡ 뉴욕
출발: 6월 5일 오전 9시 30분
도착: 6월 5일 오전 10시 30분

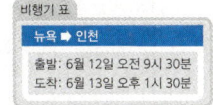
비행기 표
뉴욕 ➡ 인천
출발: 6월 12일 오전 9시 30분
도착: 6월 13일 오후 1시 30분

바람의 영향으로 뉴욕으로 갈 때보다 인천으로 올 때가 1시간이 더 걸린다고 합니다. 인천에서 뉴욕으로 가는 비행 시간을 알아보고, 인천과 뉴욕의 시차를 구해 봅시다.

❶ 시차를 고려하지 않을 때 인천에서 뉴욕으로 갈 때는 1시간이 걸립니다. 시차를 고려하지 않을 때 뉴욕에서 인천으로 올 때는 몇 시간이 걸립니까? 또, 왕복 비행 시간을 구하시오. **28시간, 29시간**

뉴욕 ➡ 인천: 6월 13일 오후 1시 30분   왕복: 1+28=29(시간)
－6월 12일 오전 9시 30분
1일 4시간(=28시간)

❷ ❶에서 구한 비행 시간의 합은 인천에서 뉴욕까지의 왕복 비행 시간과 같습니다. 인천에서 뉴욕으로 갈 때의 비행 시간은 몇 시간입니까? **14시간**
왕복 비행 시간(29시간) 중 인천으로 돌아오는 시간이 1시간 더 걸립니다.
인천 ➡ 뉴욕: 14시간
뉴욕 ➡ 인천: 15시간

인천과 뉴욕의 시차를 □시간이라고 하면 인천에서 뉴욕까지의 비행 시간은 1+□, 뉴욕에서 인천까지의 비행 시간은 28－□, 왕복 비행 시간은 (1+□)+(28－□)

❸ 인천에서 오전 9시 30분에 출발한 비행기가 14시간 걸려 뉴욕에 도착하였는데 뉴욕시간으로 같은 날 오전 10시 30분입니다. 인천과 뉴욕의 시차를 구하시오. **13시간**
비행기가 뉴욕에 도착했을 때 한국 시각은
오전 9시 30분＋14시간＝같은 날 오후 11시 30분이므로 뉴욕 현지 시각과
오후 11시 30분－오전 10시 30분＝13시간 차이 납니다.

[인천과 파리의 시차]

1 인천에서 프랑스 파리행 직행 비행기가 오전 9시 20분에 출발하였습니다. 11시간 50분간 비행하여 도착한 파리의 현지 시각이 같은 날 오후 2시 10분입니다. 인천과 파리의 시차를 구하시오.

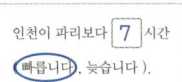

인천이 파리보다 **7** 시간
(빠릅니다, 늦습니다).

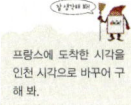
프랑스에 도착한 시각을 인천 시각으로 바꾸어 구해 봐.

파리에 도착했을 때 인천 시각: 오전 9시 20분＋11시간 50분＝오후 9시 10분
인천과의 시차: 오후 9시 10분－오후 2시 10분＝7시간

[도착하는 시각]

2 인천에서 자카르타까지의 비행 시간과 자카르타에서 인천까지의 비행 시간은 같습니다. 다음 비행기 표를 보고 자카르타에서 7월 20일 오후 1시에 출발했을 때 인천에 도착하는 시각을 구하시오. (단, 자카르타는 인천보다 2시간 느립니다.) **7월 20일 오후 10시**

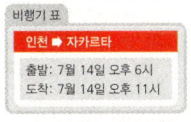
비행기 표
인천 ➡ 자카르타
출발: 7월 14일 오후 6시
도착: 7월 14일 오후 11시

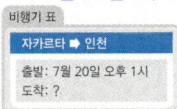
비행기 표
자카르타 ➡ 인천
출발: 7월 20일 오후 1시
도착: ?

시차를 고려하지 않을 때 비행 시간은
인천 ➡ 자카르타: 5시간(＝7월 14일 오후 11시－7월 14일 오후 6시)
자카르타는 인천보다 2시간 느리므로 실제 비행 시간은 7시간입니다.
시차를 고려하지 않을 때 인천에 도착하는 시각은
자카르타 ➡ 인천: 7월 20일 오후 8시(7월 20일 오후 1시＋7시간)
인천은 자카르타보다 2시간 빠르므로 7월 20일 오후 10시에 도착합니다.

---

50 51

👧 창의적 문제해결력

1 다음 3개의 물통 중 12 L 통에 물이 가득 차 있습니다. 물을 옮기면서 12 L 통에 3 L의 물을 만들어 보시오. (단, 3개의 통 이외의 다른 곳에 물을 버릴 수도 없고 다른 곳에서 물을 가져올 수도 없습니다.)

먼저 12 L 통에 10 L의 물을 채우는 방법을 생각해 봐.

순서	12 L 통	7 L 통	5 L 통	순서	12 L 통	7 L 통	5 L 통
준비	12 L	0 L	0 L	3	10 L	2 L	0 L
1	5 L	7 L	0 L	4	10 L	0 L	2 L
2	5 L	2 L	5 L	5	3 L	7 L	2 L

2 우리가 용 띠, 소 띠……라고 부르는 띠는 십이지에서 유래된 말입니다. 십이지는 다음과 같은 12종류의 동물을 나타냅니다. 한 해를 나타내는 동물은 십이지의 순서에 따라 바뀝니다. 올해가 용의 해라면 다음 해는 뱀의 해, 그 다음 해는 말의 해가 되는 것입니다.

십이지	자	축	인	묘	진	사	오	미	신	유	술	해
동물	🐭	🐮	🐯	🐰	🐲	🐍	🐴	🐑	🐵	🐔	🐶	🐷
	쥐	소	호랑이	토끼	용	뱀	말	양	원숭이	닭	개	돼지

자신이 태어난 해의 동물이 자신의 띠가 됩니다. 2010년에 태어난 사람이 호랑이띠라고 할 때, 2월 29일이 생일인 사람의 띠가 될 수 있는 것을 모두 쓰시오. **쥐 띠, 용 띠, 원숭이 띠**

2월이 29일까지 있는 윤년(4의 배수 해)인 해의 띠를 찾습니다.
          윤년   윤년   윤년   윤년
2010년 ➡ 2012년 ➡ 2016년 ➡ 2020년 ➡ 2024년 ➡ ……
호랑이띠   용 띠   원숭이띠   쥐 띠   용 띠

📍 동영상 특강
QR 코드를 찍어 보세요!

3 어느 해 1월 1일은 수요일입니다. 그 해 어린이날(5월 5일)은 무슨 요일입니까? (단, 이 해는 2월이 28일까지 있는 평년입니다.) **월요일**

1월 1일이 수요일이면 2월 1일은 토요일, 3월 1일은 토요일, 4월 1일은 화요일이지.

5월 5일은 1월 1일부터 며칠 후일까?

5월 5일은 1월 1일부터 30+28+31+30+5=124(일) 후입니다.
124÷7=17…5이므로 수요일부터 5일 후 요일인 월요일입니다.

4 인도 뉴델리의 시각은 서울보다 3시간 30분 느리고, 호주 시드니의 시각은 서울보다 1시간 빠릅니다. 시드니의 시각이 5월 5일 오후 2시라고 할 때 뉴델리는 몇 월 며칠 몇 시 몇 분입니까? **5월 5일 오전 9시 30분**

시드니는 뉴델리보다 4시간 30분 빠르군.

뉴델리와 시드니의 시차: 3시간 30분＋1시간＝4시간 30분
뉴델리 시각: 5월 5일 오후 2시－4시간 30분＝5월 5일 오전 9시 30분

정답 및 해설 **11**

7 도형과 각

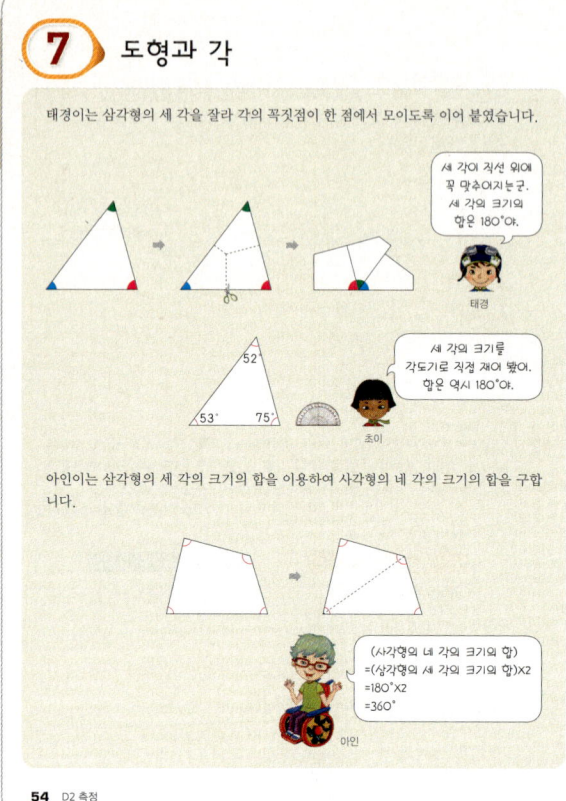

태경이는 삼각형의 세 각을 잘라 각의 꼭짓점이 한 점에서 모이도록 이어 붙였습니다.

세 각이 직선 위에 꼭 맞추어지는군. 세 각의 크기의 합은 180°야.
태경

세 각의 크기를 각도기로 직접 재어 봤어. 합은 역시 180°야.
초이

아인이는 삼각형의 세 각의 크기의 합을 이용하여 사각형의 네 각의 크기의 합을 구합니다.

(사각형의 네 각의 크기의 합)
=(삼각형의 세 각의 크기의 합)×2
=180°×2
=360°
아인

(각 6개의 크기의 합)
=(삼각형의 세 각의 크기의 합)×4
=180°×4=720°

(각 5개의 크기의 합)
=(삼각형의 세 각의 크기의 합)×3
=180°×3=540°입니다.

주어진 도형에 선을 그어 삼각형으로 나누고, 표시된 각의 크기의 합을 구하시오.

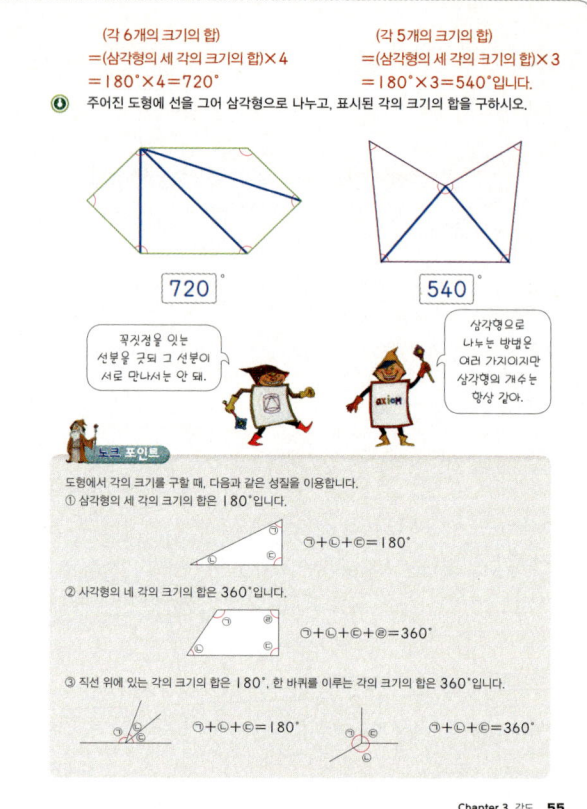

720°
540°

꼭짓점을 잇는 선분을 긋되 그 선분이 서로 만나서는 안 돼.

삼각형으로 나누는 방법은 여러 가지이지만 삼각형의 개수는 항상 같아.

노크 포인트

도형에서 각의 크기를 구할 때, 다음과 같은 성질을 이용합니다.

① 삼각형의 세 각의 크기의 합은 180°입니다.

㉠+㉡+㉢=180°

② 사각형의 네 각의 크기의 합은 360°입니다.

㉠+㉡+㉢+㉣=360°

③ 직선 위에 있는 각의 크기의 합은 180°, 한 바퀴를 이루는 각의 크기의 합은 360°입니다.

㉠+㉡+㉢=180°   ㉠+㉡+㉢=360°

삼각형으로 각도 구하기

□ 안에 알맞은 수를 구해 봅시다.

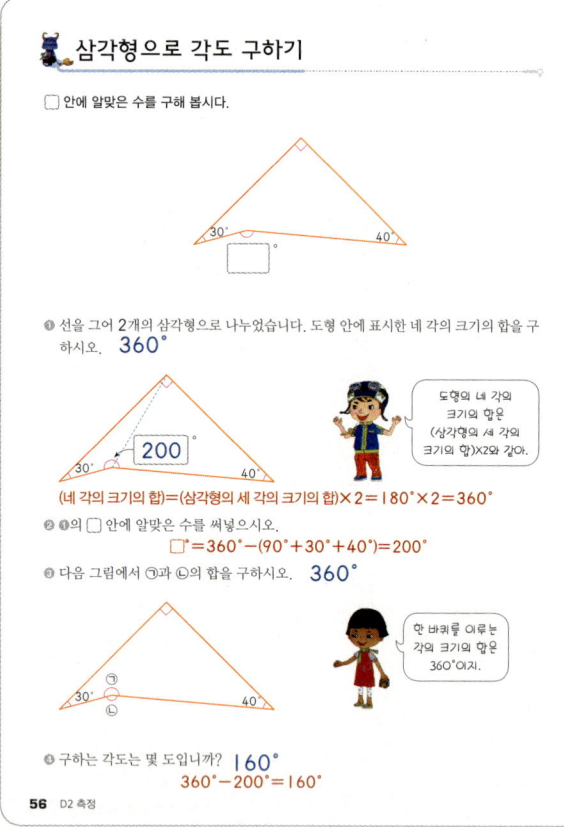

30°   40°
□°

❶ 선을 그어 2개의 삼각형으로 나누었습니다. 도형 안에 표시한 네 각의 크기의 합을 구하시오. 360°

200°
30°   40°

도형의 네 각의 크기의 합은 (삼각형의 세 각의 크기의 합)×2와 같아.

(네 각의 크기의 합)=(삼각형의 세 각의 크기의 합)×2=180°×2=360°

❷ ❶의 □ 안에 알맞은 수를 써넣으시오.
□°=360°−(90°+30°+40°)=200°

❸ 다음 그림에서 ㉠과 ㉡의 합을 구하시오. 360°

30°   40°
㉠
㉡

한 바퀴를 이루는 각의 크기의 합은 360°이지.

❹ 구하는 각도는 몇 도입니까? 160°
360°−200°=160°

[다각형의 한 각의 크기]

1 □ 안에 알맞은 수를 써넣으시오.

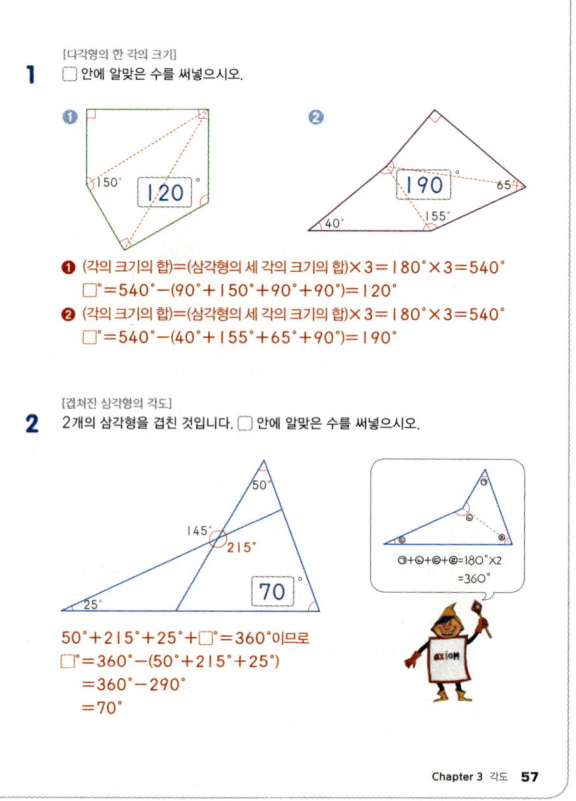

❶
150°
120

❷
190
40°   155°   65°

❶ (각의 크기의 합)=(삼각형의 세 각의 크기의 합)×3=180°×3=540°
□°=540°−(90°+150°+90°+90°)=120°

❷ (각의 크기의 합)=(삼각형의 세 각의 크기의 합)×3=180°×3=540°
□°=540°−(40°+155°+65°+90°)=190°

[겹쳐진 삼각형의 각도]

2 2개의 삼각형을 겹친 것입니다. □ 안에 알맞은 수를 써넣으시오.

50°
145°
215°
25°
70

㉠+㉡+㉢+㉣=180°×2
=360°

50°+215°+25°+□°=360°이므로
□°=360°−(50°+215°+25°)
=360°−290°
=70°

🦔 덩어리로 각도 구하기

다음 그림에서 같은 기호는 같은 크기의 각을 나타냅니다. ☐ 안에 알맞은 수를 구해 봅시다.

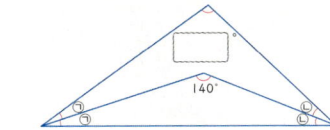

❶ 색칠된 삼각형에서 세 각의 크기의 합은 180°입니다. ㉠과 ㉡의 합을 구하시오.

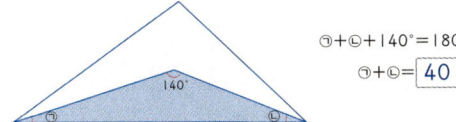

$$㉠+㉡+140°=180°$$
$$㉠+㉡= \boxed{40}$$

❷ 큰 삼각형에서 세 각의 크기의 합은 180°입니다. ☐ 안에 알맞은 수를 써넣으시오.

$$㉠+㉠+㉡+㉡+\boxed{100}=180°$$

$$㉠+㉠+㉡+㉡+□°=180°$$
$$(㉠+㉡)+(㉠+㉡)+□°=180°$$
$$40°+40°+□°=180°$$
$$□°=180°-40°-40°=100°$$

㉠과 ㉡을 각각 구할 수는 없어. 하지만 ㉠과 ㉡의 합만 알면 구하는 각의 크기를 알 수 있어.

[각의 합 이용하여 각도 구하기]

1 다음 그림에서 같은 모양은 같은 크기의 각을 나타냅니다. ☐ 안에 알맞은 수를 써넣으시오.

▲와 ●을 각각 구할 수는 없어. ▲와 ●의 합을 구해 봐.

큰 삼각형에서
$$60+▲+▲+●+●=180$$
$$▲+▲+●+●=120$$
$$▲+●=60$$

작은 삼각형에서
$$□°+▲+●=180$$
$$□°+60°=180$$
$$□°=120$$

[덩어리로 각도 구하기]

2 다음 그림에서 같은 기호는 같은 크기의 각을 나타냅니다. ☐ 안에 알맞은 수를 써넣으시오.

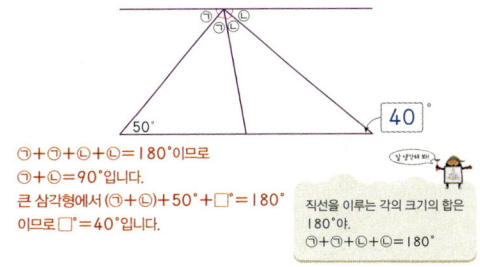

$$㉠+㉠+㉡+㉡=180°이므로$$
$$㉠+㉡=90°입니다.$$
큰 삼각형에서 $(㉠+㉡)+50°+□°=180°$
이므로 $□°=40°$입니다.

직선을 이루는 각의 크기의 합은 180°야.
$$㉠+㉠+㉡+㉡=180°$$

---

⑧ 접기와 각

꼬마 요괴들이 정사각형 모양의 색종이를 접어서 여러 가지 각을 만듭니다.

정사각형의 네 각의 크기는 모두 90°야.

대각선을 따라 접으면 45°를 만들 수 있어.

한 번 더 접어도 45°를 만들 수 있어.

아인이는 정사각형 모양의 색종이로 30°와 60°의 각을 만듭니다.

반으로 접었다 폅니다.

양쪽 꼭짓점이 접힌 선 위의 한 점에서 만나도록 접습니다.

한 세 변의 길이가 모두 같은 정삼각형이야. 정삼각형의 세 각의 크기는 모두 60°이지.

아인이가 정사각형 모양의 색종이를 접어 만든 모양입니다. ☐ 안에 알맞은 수를 써넣으시오.

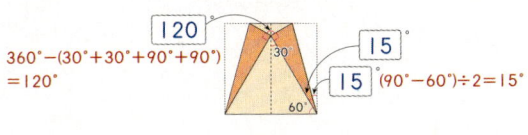

$$360°-(30°+30°+90°+90°)$$
$$=120°$$

$$\boxed{120}$$
$$\boxed{15}$$
$$\boxed{15} \quad (90°-60°)÷2=15°$$

---

❶ 점선을 따라 색종이를 접었을 때 크기가 같은 각을 찾아 [보기] 와 같이 같은 기호로 나타내시오.

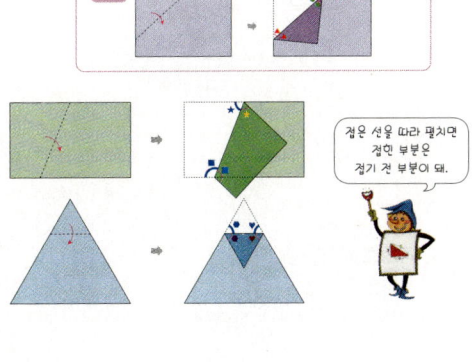

보기

접은 선을 따라 펼치면 접힌 부분은 접기 전 부분이 돼.

🦔 노크 포인트

접기 전 부분과 접힌 부분은 모양과 크기가 같은 도형이므로 각의 크기가 서로 같습니다.

접기 전 부분의 그림이 나와 있지 않은 경우 접힌 부분을 펼쳐 그려 접기 전 부분을 생각합니다.

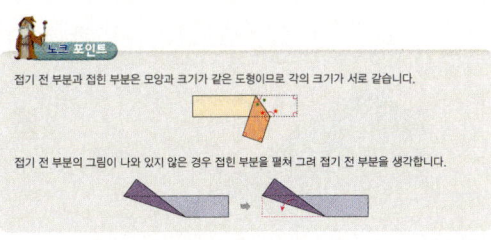

🐾 테이프 접기와 각

오른쪽 그림은 직사각형 모양의 종이띠를 접은 것입니다.
각 ㉲의 크기를 알아봅시다.

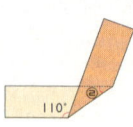

110°

❶ 접기 전의 모양에서 표시된 부분과 크기가 같은 각을 찾아 표시하시오.

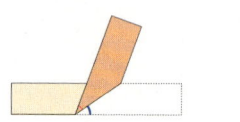

접기 전 부분과 접힌 부분은 똑같은 모양이지.

❷ 설명을 보고 ㉠, ㉡, ㉢, ㉣ 순서대로 ☐ 안에 알맞은 수를 써넣으시오.

- ㉠과 ㉡은 크기가 같고, 직선을 이루는 각의 크기의 합이 180°이므로
  ㉠=㉡, ㉠+㉡+110°=180°, ㉠=㉡= 35 °
- 사각형의 네 각의 크기의 합은 360°이므로
  ㉡+㉢+90°+90°=360°, ㉢= 145 °
- 직선을 이루는 각의 크기의 합이 180°이므로 ㉢+㉣=180°, ㉣= 35 °

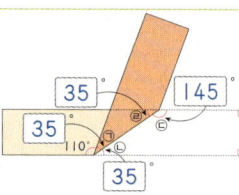

35 °   145 °

35 °

110°   35 °

---

1 [종이띠 각도 구하기]
직사각형 모양의 종이띠를 다음과 같이 접었습니다. ☐ 안에 알맞은 수를 써넣으시오.

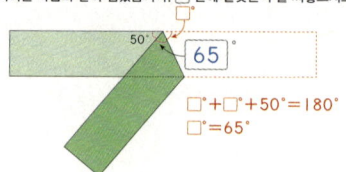

50°   65 °

☐°+☐°+50°=180°
☐°=65°

2 [직사각형 각도 구하기]
직사각형 모양의 종이를 대각선을 따라 접었습니다. ☐ 안에 알맞은 수를 써넣으시오.

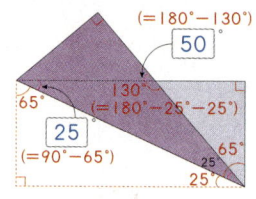

(=180°-130°)
50

130°
(=180°-25°-25°)

65°   65°

25
(=90°-65°)

25   25

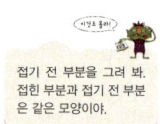

접기 전 부분을 그려 봐.
접힌 부분과 접기 전 부분은 같은 모양이야.

🐾 종이 접기와 각의 크기의 합

다음은 직사각형 모양의 종이를 두 번 접은 것입니다. ㉠과 ㉡의 크기의 합을 알아봅시다.

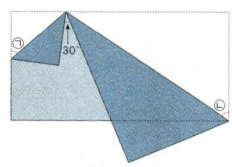

30°

❶ 접기 전 부분에서 ●와 ▲로 표시된 부분과 크기가 같은 각을 찾아 같은 모양으로 표시
하고 ●와 ▲의 합을 구하시오. **75°**

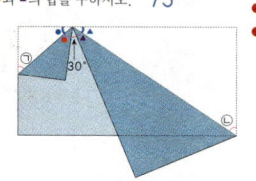

●+●+▲+▲+30°=180°
●+▲=75°

접힌 부분과 접기 전 부분은 같은 모양이야.

❷ 분홍색으로 색칠된 두 삼각형의 세 각의 크기의 합은 각각 180°입니다. ㉠과 ㉡의
크기의 합을 구하시오. **105°**

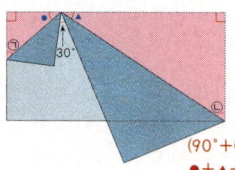

30°

색칠된 두 삼각형의 각의 크기를 모두 더해 봐.

(90°+㉠+●)+(▲+㉡+90°)=360°
●+▲+㉠+㉡=180°
❶에서 ●+▲=75°이므로 ㉠+㉡=105°

---

1 [삼각형 접은 모양]
다음은 삼각형 모양의 종이를 두 번 접은 것입니다. ☐ 안에 알맞은 수를 써넣으시오.

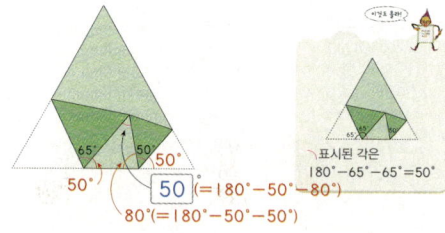

65°   50°   50°

50°

50 (=180°-50°-80°)

80°(=180°-50°-50°)

표시된 각은
180°-65°-65°=50°

2 [직사각형 접은 모양]
직사각형 모양의 종이를 겹치지 않게 두 번 접었습니다. ☐ 안에 알맞은 수를 써넣으시
오.

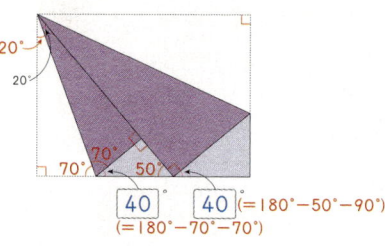

20°
20°

70°   70°   50°

40   40 (=180°-50°-90°)

(=180°-70°-70°)

9 시계와 각

대마왕이 교실에 들어와 보니 교실이 많이 어지럽혀 있고 시계가 바닥에 떨어져 멈춰 있습니다.

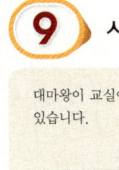

누가 시계를 망가뜨린 거지?
대마왕

요괴들 중 누가 시계의 숫자를 모두 빼갔어요. 시계가 멈춘 시각을 알 수 없어요.
지오

대마왕이 요괴 셋을 불러 언제 교실에 들어왔는지를 물었습니다.

5시 40분
산만해 요괴

3시 정각
울보 요괴

12시 20분
장난 요괴

대마왕이 떨어진 시계의 긴바늘과 짧은바늘이 이루는 각의 크기를 재었습니다.

짧은바늘과 긴바늘이 이루는 작은 각의 크기가 110°군.

요괴 셋이 말한 시각을 시계에 그리고, 각도를 재어서 시계를 망가뜨린 범인을 찾으시오. **장난 요괴**

66 D2 측정

표의 빈칸에 시계의 긴바늘과 짧은바늘이 이루는 작은 각의 크기를 쓰시오.

1시	2시	3시	4시	5시	6시	7시	8시	9시	10시	11시
30°	60°	90°	120°	150°	180°	150°	120°	90°	60°	30°

시계의 숫자 눈금 한 칸은 360°을 12등분 한 것이야.

숫자 눈금 한 칸의 각의 크기는 360°÷12=30°

몇 시 30분일 때 시계의 긴바늘과 짧은바늘이 이루는 작은 각의 크기를 구하시오.

1시 30분	2시 30분	3시 30분	4시 30분	5시 30분
135°	105°	75°	45°	15°

(=150°−15°)　(=90°−15°)　(=30°−15°)
　　　(=120°−15°)　(=60°−15°)

노크 포인트

짧은바늘은 12시간 동안 360° 움직이므로 1시간에 360°÷12=30°씩 움직입니다.
짧은바늘은 1시간에 30° 움직이므로 10분에 30°÷6=5°씩 움직입니다.
긴바늘은 60분 동안 360° 움직이므로 1분에 360°÷60=6°씩 움직입니다.

시계의 짧은바늘과 긴바늘이 이루는 작은 각의 크기는 다음과 같이 구합니다.
① 두 바늘이 모두 숫자 눈금을 가리킬 때는 숫자 눈금의 칸 수를 세어 구합니다. 숫자 눈금 한 칸은 30° 입니다.
② 긴바늘이 숫자 눈금을 가리키고, 짧은바늘이 숫자 눈금 사이에 있을 때에는 짧은바늘이 10분에 5°씩 움직이는 것을 이용하여 짧은바늘과 가장 가까운 숫자 눈금 사이의 각을 먼저 구합니다.

Chapter 3 각도 67

시곗바늘이 움직인 각도

태경이가 운동을 시작한 시각과 끝낸 시각이 다음과 같습니다. 운동을 하는 동안 시계의 짧은바늘과 긴바늘이 움직인 각도를 각각 구해 봅시다.

 →
운동 시작　　　운동 끝

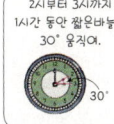
2시부터 3시까지 1시간 동안 짧은바늘은 30° 움직여.

뛰어 요괴

딴짓 요괴

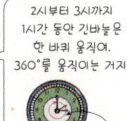
2시부터 3시까지 1시간 동안 긴바늘은 한 바퀴 움직여. 360°를 움직이는 거지.

❶ 시계의 짧은바늘은 한 시간에 30°, 긴바늘은 한 시간에 360° 움직입니다. 시계의 짧은바늘과 긴바늘은 10분 동안 각각 몇 도씩 움직였습니까?
짧은바늘: 5°, 긴바늘: 60°
짧은바늘: 30°÷6=5°
긴바늘: 360°÷6=60°

❷ 태경이가 운동한 시간은 몇 분입니까? **50분**
5시 10분−4시 20분=50분

❸ 태경이가 운동한 시간 동안 시계의 짧은바늘과 긴바늘은 각각 몇 도 움직였습니까?
짧은바늘: 25°, 긴바늘: 300°
짧은바늘: 5°×5=25°
긴바늘: 60°×5=300°

68 D2 측정

[긴바늘이 움직인 각도]

1 현재 시각이 9시 30분입니다. 긴바늘이 270° 움직인 후의 시각은 몇 시 몇 분입니까? **10시 15분**

긴바늘은 60분 동안 360° 움직여. 그러니까 1분 동안 6°를 움직이는 거야.

긴바늘이 움직인 시간은 270÷6=45(분)입니다.
9시 30분+45분=10시 15분

[짧은바늘이 움직인 각도]

2 초이는 오후 2시 20분에 숙제를 시작해서 오후 4시 10분에 숙제를 마쳤습니다. 초이가 숙제를 하는 동안 짧은바늘이 움직인 각도는 몇 도입니까? **55°**

숙제 한 시간: 4시 10분−2시 20분=1시간 50분
짧은바늘은 10분에 5°씩 움직이므로 1시간 50분(110분) 동안 짧은바늘이 움직인 각도는 5°×11=55°입니다.

짧은바늘은 60분 동안 30° 움직여. 그러니까 10분 동안 5°를 움직여.

Chapter 3 각도 69

정답 및 해설 **15**

🕐 시곗바늘이 이루는 각도

시계가 3시 40분을 가리킬 때 시계의 두 바늘이 이루는 작은 각의 크기를 알아봅시다.

긴바늘은 숫자 눈금 8을 정확히 가리키고 있는데 짧은바늘은 3과 4 사이에 있어.
초이

짧은바늘이 숫자 눈금 3에서 몇 도만큼 움직였는지 알아야 해.
지오

❶ 3시부터 3시 40분까지 짧은바늘이 움직인 각도를 구하여 ㉠에 써넣으시오.

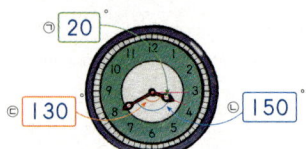
㉠ 20
㉢ 130
㉡ 150

짧은바늘은 10분에 30°÷6=5°씩 움직이므로
40분 동안 5°×4=20° 움직입니다.

❷ 시계의 숫자 눈금 한 칸은 30°입니다. ❶에서 숫자 눈금 3부터 8까지의 각도를 구하여 ㉡에 써넣으시오.

$$(8-3) \times 30° = 150°$$

❸ 3시 40분을 가리킬 때 시계의 두 바늘이 이루는 작은 각의 크기를 ❶의 ㉢에 써넣으시오.

$$150° - 20° = 130°$$

[시곗바늘 사이의 각도]
1 두 시곗바늘이 이루는 각의 크기를 구하시오.

❶  95°
5시 10분

숫자 2와 5 사이의 각도:
3×30°=90°
짧은바늘은 10분 동안 5° 움직이므로
5시 10분일 때 짧은바늘과 긴바늘이
이루는 각의 크기는 90°+5°=95°
입니다.

❷  115°
1시 50분

숫자 10과 2 사이의 각도:
4×30°=120°
짧은바늘은 10분 동안 5° 움직이므로
1시 50분일 때 짧은바늘과 긴바늘이
이루는 각의 크기는 120°-5°=115°
입니다.

[바늘 없는 시계]
2 꼬마 요괴들의 대화를 보고, 두 시곗바늘이 이루는 작은 각의 크기를 구하시오. 110°

숫자 8과 숫자 11 사이의 각도:
3×30°=90°
짧은바늘은 40분 동안
5°×4=20° 움직이므로
11시 40분일때 두 시곗바늘이
이루는 작은 각의 크기는
90°+20°=110°입니다.

시계의 긴바늘이 숫자 8을 가리키고 있어.

짧은바늘은 숫자 11과 12 사이를 가리키고 있어.

🧒 창의적 문제해결력

1 다음 도형에 표시된 각의 크기의 합을 구하시오. 360°

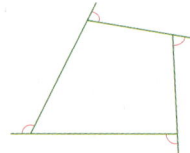

표시된 각의 크기의 합은 180°×4=720°

사각형의 네 각의 크기의 합은 360°이므로 180°×4-360°=360°입니다.

2 다음 도형에서 같은 모양은 같은 크기의 각을 나타냅니다. ☐ 안에 알맞은 수를 써넣으시오.

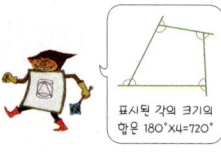
50°

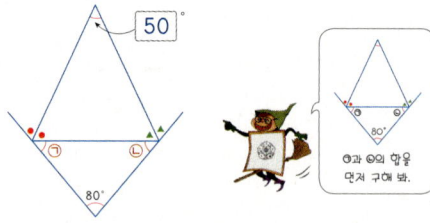
80°

㉠과 ㉡의 합을 먼저 구해 봐.

㉠+㉡+80°=180° ➡ ㉠+㉡=100°
(●+●+㉠)+(▲+▲+㉡)=180°+180°=360° ➡ ●+▲=130°
☐+●+▲=180° ➡ ☐=50°

📍 **동영상 특강**
QR 코드를 찍어 보세요!!

3 삼각형 모양의 종이를 다음과 같이 접었습니다. ☐ 안에 알맞은 수를 써넣으시오.

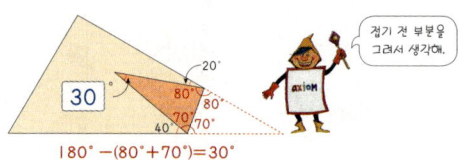
30   20° 80° 80° 40° 70° 70°

접기 전 부분을 그려서 생각해.

$$180° - (80° + 70°) = 30°$$

4 시계의 시각에 맞게 짧은바늘과 긴바늘을 그리고, 두 시곗바늘이 이루는 작은 각의 크기를 구하시오.

❶
6시 20분: 70°

숫자 4와 6 사이의 각도는 30°×2=60°
이고, 짧은바늘은 10분에 5°씩 움직이므로
20분 동안 5°×2=10° 움직입니다.
따라서 짧은바늘과 긴바늘 사이의 각도는
60°+10°=70°입니다.

❷
11시 10분: 85°

숫자 11과 2 사이의 각도는
30°×3=90°이고, 짧은바늘은
10분 동안 5°씩 움직이므로
짧은바늘과 긴바늘 사이의 각도는
90°-5°=85°입니다.

도형과 둘레

10 겹치고 자른 도형의 둘레

초이는 방의 가장자리를 따라 색종이 띠를 붙여 방을 장식하려고 합니다.

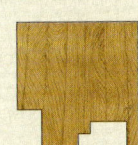
색종이 띠가
얼마만큼 필요한지
방의 둘레를 재야겠어.
초이

초이는 줄자를 찾아보았지만 방 안에 없었습니다.

줄자를 내가 빌려줄게.
단, 줄자는 3번만
사용할 수 있어.
그리고 이 줄자는 딱딱해서
구부러지지 않아. 호호~
장난 요괴

3번이면 충분히
방의 둘레를
알 수 있어.
아인

길이를 재야 할 세 곳을 찾아 선을 따라 진하게 표시하여 보시오.

이렇게 변을 옮기면
표시된 부분은
잴 필요가 없지.

길이가 같은 변을 이동시켜 직사각형으로 만듭니다. 그 후 직사각형의 가로, 세로
와 안쪽에 표시한 부분을 자로 재어 보면 방의 둘레를 알 수 있습니다.

76 D2 측정

길이가 같은 변을 이동시켜 직사각형으로 만들면 ㉠, ㉡, ㉢ 3개의 길이가 남습니다.
㉠=3cm, ㉡+㉢=3(cm)이므로 직사각형의 둘레에 남은 길이 ㉠, ㉡, ㉢을 더
하면 (10+7+10+7)+(3+3)=40(cm)입니다.

다음은 가로가 10cm, 세로가 7cm인 직사각형 모양의 종이를 잘라서 만든 도형입
니다. 도형의 둘레를 구하시오.

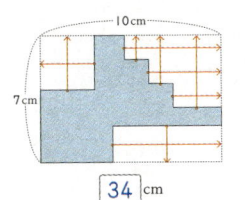 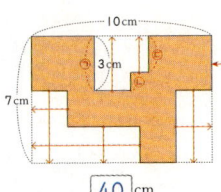

[34] cm   [40] cm

10+7+10+7=34(cm)

길이가 같은 변을
이동시켜 봐.

노트 포인트

직각으로 꺾인 도형의 둘레는 길이가 같은 변을 이동시켜 직사각형으로 만들어 구합니다.

직각으로 움푹 들어간 도형의 둘레는 길이가 같은 변을 이동시켜 직사각형으로 만든 후 남은 부분의 길
이를 더해서 구합니다.

직사각형을 세로로 잘라 만든 직사각형의 둘레의 합은 한 번 자를 때마다 세로의 2배만큼 늘어납니다.

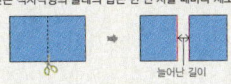
늘어난 길이

Chapter 4 도형과 둘레 77

자른 도형의 둘레

둘레가 60cm인 직사각형 모양 띠를 세로로 잘라 직사각형 모양 5개를 만들었습니다.

직사각형 5개의 둘레를 알아보니 각각 18cm, 22cm, 20cm, 26cm, 14cm입니다.
처음 직사각형 모양 띠의 가로와 세로를 알아봅시다.

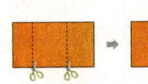 

직사각형을 한 변 자를 때
마다 둘레의 합은 세로의
2배만큼 늘어나는구.

두 번 자르면 세로의
4배만큼 늘어나.

❶ 만든 직사각형 5개의 둘레의 합은 처음 직사각형의 둘레보다 몇 cm 더 늘어났습니까?
40cm
만든 직사각형의 둘레의 합은 18+22+20+26+14=100(cm)이므로 처음 직
사각형의 둘레보다 100−60=40(cm)만큼 더 늘어났습니다.

❷ 작은 직사각형 5개를 만들려면 세로로 4번 잘라야 합니다. ❶에서 구한 길이는 세
로의 몇 배입니까? **8배**
세로로 1번 자를 때마다 세로의 2배씩 늘어나므로 세로로 4번 잘랐을 때 늘어난 길이는
세로의 4×2=8(배)입니다.

❸ 처음 직사각형의 둘레는 60cm입니다. 처음 직사각형의 가로와 세로를 각각 구하
시오. **가로: 25cm, 세로: 5cm**
늘어난 길이 40cm는 세로의 8배이므로 처음 직사각형의 세로는 40÷8=5(cm)입니다.
(가로)+(세로)×2=60, (가로)+5=30이므로 처음 직사각형의 가로는 25cm입니다.

[정사각형을 자른 도형의 둘레]

1 둘레가 48cm인 정사각형 모양의 색종이를 크기와 모양이 같은 4개의 직사각형 모
양으로 잘랐습니다. 나누어진 직사각형 4개의 둘레의 합은 처음 정사각형의 둘레보다
몇 cm 더 늘어났습니까? **72cm**

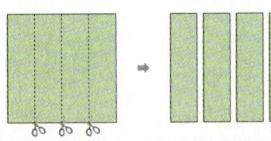

정사각형의 한 변의 길이는 48÷4=12(cm)입니다. 정사각형을 세로로 한 번 자
를 때마다 잘린 도형의 둘레는 세로 길이의 2배만큼 늘어납니다.
정사각형을 세로로 3번 잘랐으므로 처음 정사각형의 둘레보다 12×6=72(cm)
만큼 더 늘어났습니다.

[직사각형 모양의 띠 자르기]

2 둘레가 50cm인 직사각형 모양의 띠를 세로로 잘라 직사각형 모양 6도막으로 나누었
습니다. 각 모양의 둘레가 각각 18cm, 16cm, 14cm, 20cm, 10cm, 12cm
라고 할 때 처음 직사각형 모양 띠의 가로와 세로를 각각 구하시오.
가로: 21cm, 세로: 4cm

직사각형을 6도막으로 나누려면 세로로 5
번 잘라야 합니다. 5번 자르면 둘레가 세로의
5×2=10(배)만큼 늘어납니다.
(늘어난 길이)
=(나누어진 직사각형의 둘레)−(처음 직사각형의 둘레)
=(18+16+14+20+10+12)−50
=90−50
=40(cm)
따라서 처음 직사각형의 세로는 40÷10=4(cm)이고,
가로는 50÷2−4=21(cm)입니다.

5번 자르면
세로의 10배만큼
늘어나는구.

Chapter 4 도형과 둘레 79

정답 및 해설 **17**

🍔 겹쳐 만든 띠의 둘레

가로가 10cm인 직사각형 모양 띠와 가로가 15cm인 직사각형 모양 띠를 다음과 같이 정사각형 모양으로 겹치도록 이어 붙였습니다. 이어 붙인 띠의 둘레를 알아봅시다.

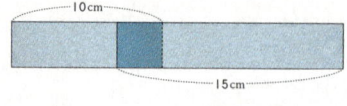

띠의 세로를 알아야 둘레를 구할텐데 세로가 어디에도 없어. 야옹.

세로를 몰라도 둘레를 구할 수 있어.

❶ 겹쳐진 정사각형 부분의 가로를 ☐라 할 때, 이어 붙인 띠의 가로를 ☐를 사용한 식으로 나타내시오. 25−☐

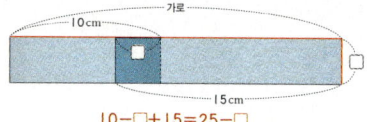

10−☐+15=25−☐

❷ 띠의 세로는 겹쳐진 정사각형 부분의 가로와 같습니다. ❶에서 빨간색으로 표시한 띠의 가로와 세로의 합은 몇 cm입니까? 25cm
(25−☐)+☐=25(cm)

❸ 이어 붙인 띠의 둘레는 몇 cm입니까? 50cm
25×2=50(cm)

[직사각형의 둘레]

1 다음은 직사각형 모양의 색종이를 잘라 정사각형을 만든 것입니다.

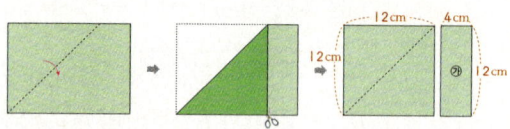

정사각형의 둘레는 48cm이고, 이 정사각형의 둘레는 처음 직사각형의 둘레보다 8cm 작다고 할 때 ㉮ 직사각형의 둘레를 구하시오. 32cm

큰 직사각형을 잘라 정사각형을 만들면 세로는 변하지 않고 가로 부분에서 8cm 줄어듭니다. 따라서 ㉮ 직사각형의 가로는 8÷2=4(cm)이고, 세로는 정사각형의 세로 48÷4=12(cm)와 같으므로 ㉮ 직사각형의 둘레는 (4+12)×2=32(cm)입니다.

[겹쳐진 띠]

2 세로가 5cm인 띠 2개를 정사각형 모양으로 겹치도록 이어 붙였더니 붙인 띠의 가로가 20cm가 되었습니다. 붙이기 전 두 띠의 둘레의 합을 구하시오. 70cm

겹쳐져서 줄어든 길이를 생각해 봐.

붙이기 전 두 띠의 가로를 각각 구할 수는 없어.

붙이기 전 두 띠의 가로의 합은 20+5=25(cm)이고,
세로는 각각 5cm이므로 두 띠의 둘레의 합은 25×2+5×4=70(cm)입니다.

---

⑪ 붙여 만든 도형의 둘레

요괴들이 똑같은 정사각형 모양 색종이 8장을 붙여 여러 가지 모양을 만듭니다.

둘레를 가장 짧게 만드는 부하에게 상을 내리겠다.

2cm
2cm

둘레: 28cm

대마왕

부하 요괴들이 만든 모양입니다.

산만해 요괴 둘레: 32 cm
한입 요괴 둘레: 36 cm
거꾸로 요괴 둘레: 28 cm

장난 요괴 둘레: 28 cm
울보 요괴 둘레: 24 cm
뛰어 요괴 둘레: 36 cm

색종이가 붙은 모양을 점선으로 나타내고, 각 모양의 둘레를 구하시오. 둘레가 가장 짧은 것은 누구의 모양입니까? 울보 요괴

---

① 다음은 주어진 직사각형 모양 5개를 겹치지 않게 이어 붙인 것입니다. 모양의 둘레를 구하시오.

20cm
10cm

40cm 30cm 20cm 둘레: 140 cm
60cm 30cm 20cm 둘레: 220 cm
40cm 30cm 20cm 둘레: 180 cm

먼저 주어진 직사각형 모양을 점선으로 나타내 봐.

직각으로 꺾인 모양, 움푹 들어간 모양을 생각해서 둘레를 구해 봐.

🎩 토크 포인트!

크고 작은 정사각형을 붙여 만든 도형에서 둘레를 구할 때에는 가장 작은 정사각형으로 나누어 봅니다.

똑같은 크기와 모양의 작은 직사각형을 붙여 큰 직사각형을 만들 때에는 작은 직사각형의 가로와 세로의 관계를 알아봅니다.

가로
세로
5개를 붙임

가로 가로
세로 세로 세로

(가로)×2=(세로)×3

18   D2 측정

84 · 85

정사각형을 붙인 도형의 둘레

다음은 여러 가지 정사각형을 겹치지 않게 이어 붙인 것입니다. 가장 큰 정사각형의 둘레가 48 cm라고 할 때, 색칠한 정사각형의 둘레를 구해 봅시다.

정사각형은 네 변의 길이가 모두 같아.

❶ 다음 ☐ 안에 알맞은 수를 써넣으시오.

㉠의 둘레는 48 cm야.

㉡과 ㉢은 서로 크기가 같은 정사각형이야.

㉣을 ㉤과 같은 크기로 나누어 봐.

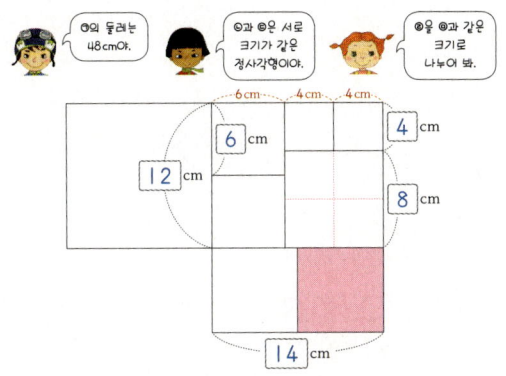

❷ 색칠한 정사각형의 둘레는 몇 cm입니까? **28 cm**
색칠한 정사각형의 한 변의 길이가 14÷2＝7(cm)이므로 색칠한 정사각형의 둘레는
7×4＝28(cm)입니다.

84 D2 측정

---

1 [색칠한 정사각형의 둘레]
다음은 크기가 다른 정사각형 7개를 겹치지 않게 이어 붙여 만든 모양입니다. 가장 큰 정사각형의 둘레가 64 cm라고 할 때, 색칠한 정사각형의 둘레는 몇 cm입니까? **24 cm**

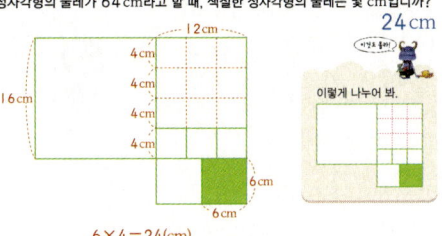

이렇게 나누어 봐.

6×4＝24(cm)

2 [정삼각형을 붙인 도형의 둘레]
다음은 여러 가지 정삼각형을 겹치지 않게 이어 붙인 것입니다. 가장 큰 정삼각형의 둘레가 33 cm, 가장 작은 정삼각형의 둘레가 9 cm라고 할 때 도형 전체의 둘레는 몇 cm입니까? **57 cm**

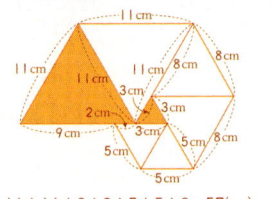

정삼각형의 세 변의 길이는 모두 같아.

11＋11＋8＋8＋5＋5＋9＝57(cm)

Chapter 4 도형과 둘레 85

---

86 · 87

직사각형 바닥의 둘레

둘레가 16 cm인 직사각형 모양의 타일 8개를 겹치지 않게 이어 붙여 직사각형 모양의 바닥을 깔았습니다. 타일을 깐 바닥의 둘레를 구해 봅시다. (단, 타일의 가로, 세로는 자연수입니다.)

가로

세로

둘레: 16 cm

❶ 타일의 가로와 세로를 이용하여 ☐ 안에 알맞은 수를 써넣으시오.

조건 1 (가로)＋(세로)＝ 8 cm

조건 2 (가로)×3＝(세로)× 5

(가로)×3

(세로)×5

❷ 다음은 가로가 세로보다 길 때 ❶의 조건 1 에 맞는 가로, 세로입니다.

가로(cm)	7	6	5
세로(cm)	1	2	3
길이의 합(cm)	8	8	8

이 중 ❶의 조건 2 에 맞는 가로, 세로는 각각 몇 cm입니까?

가로: **5 cm**, 세로: **3 cm**

❸ ❷에서 구한 타일의 가로, 세로를 이용하여 바닥의 둘레를 구하시오. **46 cm**

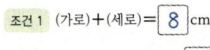
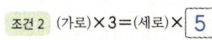

(15＋8)×2＝46(cm)

86 D2 측정

---

1 [직사각형을 붙인 도형의 둘레]
둘레가 14 cm인 작은 직사각형 7개를 겹치지 않게 이어 붙여 하나의 큰 직사각형을 만들었습니다. 만들어진 큰 직사각형의 둘레는 몇 cm입니까? (단, 직사각형의 가로, 세로는 자연수입니다.)

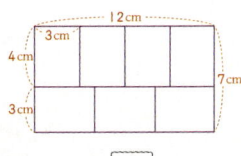

가로

세로

가로의 4배는 세로의 3배와 같아.

둘레: **38** cm

작은 직사각형의 가로와 세로가 다음 조건을 만족해야 합니다.
① (가로)＋(세로)＝7 cm, ② (가로)×4＝(세로)×3
따라서 (가로)＝3 cm, (세로)＝4 cm입니다.
만든 직사각형은 가로 12 cm, 세로 7 cm이므로 둘레는 (12＋7)×2＝38(cm)입니다.

2 [직사각형으로 나눈 도형의 둘레]
둘레가 44 cm인 직사각형 모양을 크기와 모양이 같은 작은 직사각형 12개로 나누었습니다. 작은 직사각형의 둘레는 몇 cm입니까?

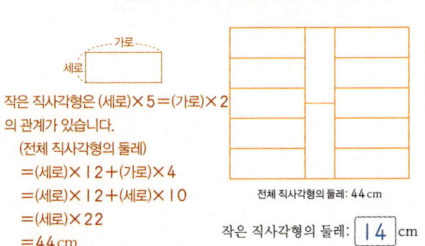

가로

세로

가로

세로

(세로)×5=(가로)×2를 이용해서 전체 직사각형의 둘레는 세로의 몇 배인지 알아봐.

작은 직사각형은 (세로)×5=(가로)×2의 관계가 있습니다.
(전체 직사각형의 둘레)
＝(세로)×12＋(가로)×4
＝(세로)×12＋(세로)×10
＝(세로)×22
＝44
(세로)＝2 cm, (가로)＝5 cm
따라서 작은 직사각형의 둘레는 (5＋2)×2＝14(cm)입니다.

전체 직사각형의 둘레: 44 cm

작은 직사각형의 둘레: **14** cm

Chapter 4 도형과 둘레 87

12 원과 둘레

태경, 초이, 지오가 원에 대해 조사한 내용을 발표합니다.

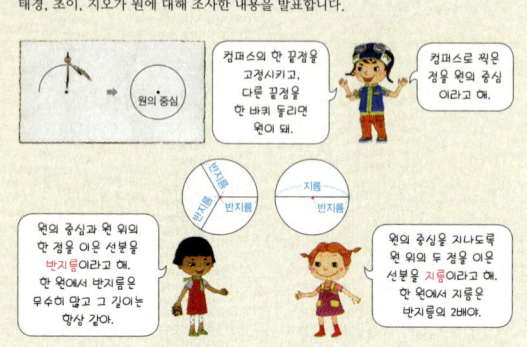

컴퍼스의 한 끝점을 고정시키고, 다른 끝점을 한 바퀴 돌리면 원이 돼.

컴퍼스로 찍은 점을 원의 중심이라고 해.

원의 중심과 원 위의 한 점을 이은 선분을 반지름이라고 해. 한 원에서 반지름은 무수히 많고 그 길이는 항상 같아.

원의 중심을 지나도록 원 위의 두 점을 이은 선분을 지름이라고 해. 한 원에서 지름은 반지름의 2배야.

큰 원의 반지름이 작은 원의 지름과 같고, 점 ㄱ, ㄴ이 원의 중심이라고 할 때, 선분 ㄱㄴ의 길이를 구하시오. (단, 큰 원의 지름은 12 cm입니다.)

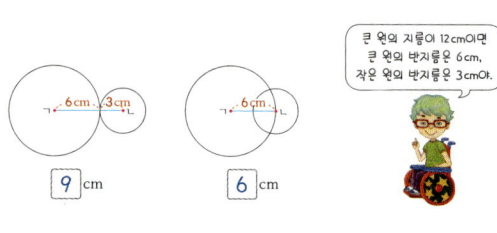

큰 원의 지름이 12 cm이면 큰 원의 반지름은 6 cm, 작은 원의 반지름은 3 cm야.

9 cm

6 cm

원의 반지름이 1 cm일 때 원을 둘러싼 도형의 둘레를 구하시오.

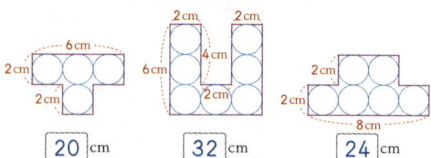

20 cm   32 cm   24 cm

반지름이 1 cm인 원의 중심을 이어 만든 도형입니다. 만든 도형의 둘레를 구하시오.

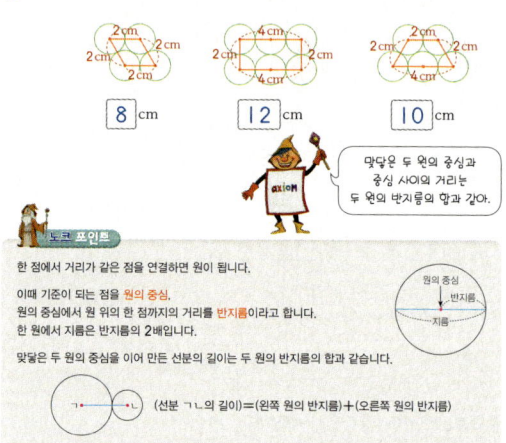

8 cm   12 cm   10 cm

맞닿은 두 원의 중심과 중심 사이의 거리는 두 원의 반지름의 합과 같아.

포인트

한 점에서 거리가 같은 점을 연결하면 원이 됩니다.

이때 기준이 되는 점을 원의 중심,
원의 중심에서 원 위의 점까지의 거리를 반지름이라고 합니다.
한 원에서 지름은 반지름의 2배입니다.

맞닿은 두 원의 중심을 이어 만든 선분의 길이는 두 원의 반지름의 합과 같습니다.

(선분 ㄱㄴ의 길이)=(왼쪽 원의 반지름)+(오른쪽 원의 반지름)

원의 중심을 이어 만든 도형

원 3개를 맞닿게 그리고 세 원의 중심을 선으로 이어 삼각형을 만들었습니다. 삼각형의 둘레가 42 cm일 때 원 다의 반지름을 구해 봅시다. (단, 원 가의 반지름은 원 나의 지름과 같고, 원 나의 반지름은 원 다의 지름과 같습니다.)

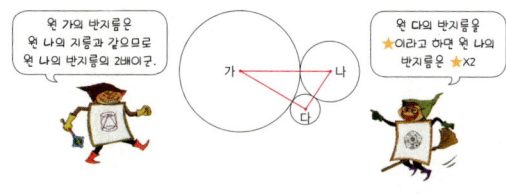

원 가의 반지름은 원 나의 지름과 같으므로 원 나의 반지름의 2배이군.

원 다의 반지름을 ★이라고 하면 원 나의 반지름은 ★×2

❶ 원 다의 반지름을 ★이라 할 때 원 가, 원 나의 반지름을 나타낸 것입니다. □ 안에 알맞은 수를 써넣으시오.

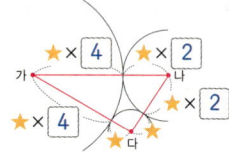

★× 4   ★× 2
★× 2
★× 4

❷ 삼각형의 둘레를 나타낸 식입니다. □ 안에 알맞은 수를 써넣으시오.

(삼각형의 둘레)=★× 14 =42(cm)

❸ 원 다의 반지름은 몇 cm입니까?   3 cm

★×14=42
★=42÷14=3(cm)

1 [원의 중심 사이의 길이]
점 ㄱ, 점 ㄴ, 점 ㄷ은 원의 중심입니다. 선분 ㄱㄷ의 길이를 구하시오.   27 cm

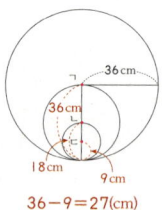

36 cm
36 cm
18 cm   9 cm

선분 ㄱㄴ의 길이는 점 ㄴ이 중심인 원의 반지름과 같아.

36-9=27(cm)

2 [반지름으로 만들어진 사각형]
두 원이 만나는 점과 두 원의 중심을 선으로 이어 사각형을 만들었습니다. 사각형의 둘레가 42 cm일 때 원 나의 반지름은 몇 cm입니까? (단, 원 가의 반지름은 원 나의 지름과 같습니다.)   7 cm

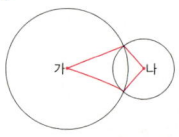

가   나

작은 원의 반지름을 □ cm라 하면 큰 원의 반지름은 □×2(cm)입니다.
(사각형의 둘레)=□×6=42(cm)이므로 □=7cm입니다.

🐻 다각형과 원

직사각형의 꼭짓점을 각각 원의 중심으로 하여 다음과 같이 원의 일부를 그렸습니다. 선분 ㄹㅁ의 길이를 알아봅시다.

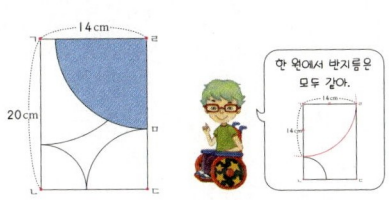

한 원에서 반지름은 모두 같아.

❶ 한 원에서 반지름은 모두 같습니다. 번호 순서대로 ☐ 안에 알맞은 수를 써넣으시오.

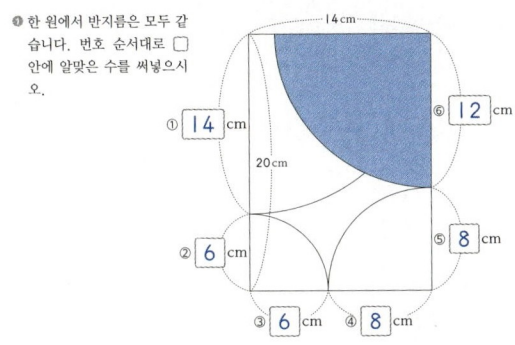

① 14 cm ⑥ 12 cm
② 6 cm ⑤ 8 cm
③ 6 cm ④ 8 cm

❷ 선분 ㄹㅁ의 길이는 몇 cm입니까? 12 cm

[직사각형과 원]

1 직사각형의 각 꼭짓점을 중심으로 하여 다음과 같이 원의 일부를 그렸습니다. 직사각형의 둘레가 50 cm일 때 선분 ㄷㅁ의 길이는 몇 cm입니까? 8 cm

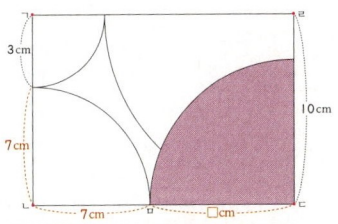

직사각형의 둘레가 50 cm이므로 직사각형의 가로는 $50 \div 2 - 10 = 15$(cm)입니다.
☐ $= 15 - 7 = 8$입니다.

[이등변삼각형과 원]

2 이등변삼각형의 각 꼭짓점을 원의 중심으로 하여 다음과 같이 원의 일부를 그렸습니다. 이등변삼각형의 둘레가 34 cm일 때 선분 ㄴㄹ의 길이는 몇 cm입니까? 5 cm

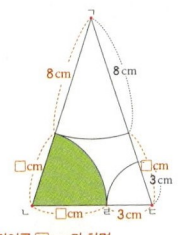

이등변삼각형은 두 변의 길이가 같아.

선분 ㄴㄹ의 길이를 ☐ cm라 하면
(이등변삼각형의 둘레)$= 8 + ☐ + ☐ + 3 + ☐ + 8 = 34$,
☐ $\times 3 + 19 = 34$이므로 ☐ $= 5$입니다.

🐻 창의적 문제해결력

1 모눈 종이를 초록색 선을 따라 잘라 3개의 조각으로 나누었습니다. 만들어진 세 조각의 둘레의 합을 구하시오. 48 cm

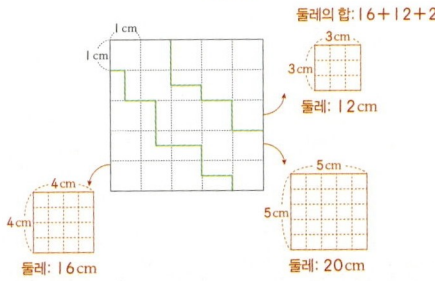

둘레의 합: $16 + 12 + 20 = 48$(cm)

둘레: 12 cm
둘레: 16 cm
둘레: 20 cm

2 한 변의 길이가 10 cm인 정삼각형에서 다음과 같이 3개의 정삼각형을 잘라내어 육각형을 만들었습니다. 육각형의 둘레는 몇 cm입니까? 23 cm

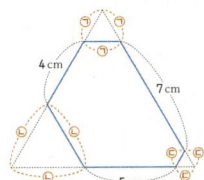

정삼각형의 둘레가 30 cm이므로 $4 + 7 + 5 + (㉠ + ㉡ + ㉢) \times 2 = 30$,
㉠ $+ ㉡ + ㉢ = 7$(cm)입니다.
따라서 육각형의 둘레는 $(㉠ + ㉡ + ㉢) + (4 + 5 + 7) = 7 + 16 = 23$(cm)입니다.

📹 동영상 특강
QR 코드를 찍어 보세요!

3 색칠한 도형이 모두 정사각형일 때, 색칠하지 않은 도형의 둘레는 몇 cm입니까? 30 cm

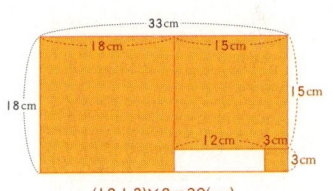

$(12 + 3) \times 2 = 30$(cm)

4 둘레가 34 cm인 사각형의 꼭짓점을 원의 중심으로 하여 다음과 같이 원의 일부를 그렸습니다. 이 중 3개의 작은 원의 크기가 모두 같을 때 ☐ 안에 알맞은 수를 써넣으시오.

가장 작은 원의 반지름을 ☐ cm라고 하여 사각형의 둘레를 ☐를 사용한 식으로 나타내 봐.

가장 작은 원의 반지름을 ☐ cm라 하면
(사각형의 둘레)$= ☐ \times 6 + 8 \times 2 = 34$이고
☐ $= 3$입니다.

MEMO

MEMO

MEMO

누구나 쉽고 재미있게

사고력
수학

정답및 해설

측정

D2
(11~12세)

누구나 쉽고 재미있게
사고력
수학
노크